Verfolgt

Andreas Aberle

Wilderer Album

rosenheimer

Inhalt

Im Feuer

Zum Geleit

„Es ist wohl der Frage wert, worauf denn der unvertilgbare Hang zum Wildern, der unserem Gebirgsvolk von alters innewohnt, beruht. Er hat zwei Wurzeln: eine edlere und eine gemeine. Es steckt ein aristokratischer Zug im Charakter des Bergbewohners. Derselbe Zug ist es, der ihn auch zum Wildschützen macht. Man fühlt sich noch einmal so stolz, wenn man die Waffe über der Schulter trägt, man ist kein Bauer mehr, man ist ein Freier."

Der Mann, der diese Sätze schrieb, Karl Stieler, kannte seine Alpenbewohner sehr genau, und seine ganze Liebe galt ihnen. Aus diesem Grunde hat er wohl auch vergessen, im Folgenden etwas über die Art des Wilderns zu sagen, die er die „gemeine" nennt und wobei das Motiv ganz einfach Gewinnsucht ist. Ein großer bayerischer Jäger, der die Feder so gut zu führen verstand wie die Büchse, hat dies mit Sachkenntnis und ohne Haß in seiner Schilderung des Jagdgehilfen besorgt, jenes unentbehrlichen Helfers des Gebirgsjägers, der gewöhnlich aus demselben Holz geschnitzt ist wie sein Intimfeind, der Wildschütz, und der nicht selten eine entsprechende Vergangenheit hat. Perfalls Darstellung bildet den Auftakt unserer Textsammlung.

Eine fundierte Untersuchung des Wildererwesens oder -unwesens, wie wir sie in unserem Buch „Es war ein Schütz in seinen schönsten Jahren" versucht haben, ist nicht die Absicht dieses Buches. Es soll ein Album sein, eine unterhaltsame Sammlung von alten Bildern und Texten zu diesem Thema.

Die Abbildungen stammen zum Teil aus den großen Illustrierten des 19. Jahrhunderts, also aus der Zeit vor dem Aufkommen der Fotografie. Die Zeichner konnten ihrer Phantasie die Zügel schießen lassen, was zu dramatischen und für uns heute amüsanten Übertreibungen führte.

Die Genremaler jener Zeit, vor allem wenn sie selbst passionierte Jäger waren, reizte das Wildererthema immer aufs neue. Auch so bekannte Namen wie Franz Defregger, Hugo Engl, Hugo Kauffmann, August Dieffenbacher, Adolf Eberle und Josef Wopfner waren darunter.

Weit verbreitet war eine Serie fabrikmäßig hergestellter Öldrucke, gemalt in der Buntheit von Heiligenbildern und nach Art volkstümlicher Kunst mit Silberglimmer bestreut; diese sind heute begehrte Sammelobjekte.

Was die Texte betrifft, so wurde auf die genugsam bekannten „Wildschützenstars" á la Jennerwein verzichtet. Neben Erzählungen, die im Stil den Abbildungen entsprechen, stehen solche der besten alten Jagdschriftsteller wie Arthur Schubart und Anton von Perfall. Damit die oft grausame Realität nicht in Vergessenheit gerät, wurden Originalberichte aus der zeitgenössischen Presse eingestreut. Sie werden jedem zur Warnung dienen, der sich etwa angeregt fühlen sollte, es den „Helden der Berge" gleichzutun. Allzu groß dürfte die Gefahr allerdings nicht sein, denn ein „selbstgebrockter Gamsbart" ist heute nicht mehr das rechte Mittel, die Herzen der Dorfschönen zu gewinnen. Ein Motorrad leistet bessere Dienste.

Der Jagdgehilf

Der Jagdgehilf im Gebirg, und nur von dem spreche ich, wächst heraus aus einem typischen Zug des Gebirgsvolkes, aus der heimischen, aus Urzeit vererbten Jagdlust, aus der Höhenluft, dem Hang zum freien Streifen, nicht aus dem Bedürfnis nach Broterwerb, bei fehlenden sonstigen Aussichten wie anderwärts.

Das Lied von der Hahnfalz, vom Gamsei im G'wänd weckt schon in dem Jungen den Trieb; die romantischen Erzählungen der Alten von geheimen Pirschgängen, von dem ewigen Krieg, der sich abspielt in den Bergen zwischen Jäger und Schütze, die stolz getragenen Trophäen, die Grandlringe an den Fingern, die Gamsbärt und Auerhahnstößeln auf den Hüten, die ewig wirkende Macht männlichen Wagens auf die Weiblichkeit, das alles tut das übrige. Der Wildschütz oder der Jäger ist fertig. – Das heißt, das „oder" ist falsch, der erste schließt den zweiten nicht aus, im Gegenteil, das Wildschützentum ist die hohe Schule des Jägers.

Ein Jahr wildern ist so eine Art Vorbedingung, das endgültige Erwischtwerden nur zu oft der Anlaß zur ersten Anstellung.

Es ließe sich gegen diese allgemein beliebte Praxis verschiedenes einwenden – ob der Stand dadurch nicht bedenklich Schaden leide, die Stellung, das Ansehen des Betreffenden der Bevölkerung gegenüber, ob nicht die Moral dabei eine fragliche sei?

Zwei Vorteile hat die Sache, das ist gewiß: Der Jägerei werden die besten Kräfte zugeführt, andererseits die ihr gefährlichsten Elemente gewonnen, der Feind geschwächt. Krieg und Jagd sind eben rauhe Handwerke, und man nimmt es in beiden nicht so genau mit den anzuwendenden Mitteln.

Hat der Schütz einmal die fürstliche oder herzogliche Krone auf dem Hut, so ist er ganz bei der Sache, der treueste Knecht, der für den Wechsel seiner Überzeugung auch mit seinem Leben einsteht, wenn es not tut.

Die Tätigkeit des Jagdgehilfen zerfällt in den Jagdschutz und die Jagdausübung. Beide unter der strengen Leitung des Jagdverwalters, Försters oder Forstmeisters. – Jagdschutz gegen vierbeinige und zweibeinige Feinde. Unter den vierbeinigen kommt bei uns nur einer in Frage: Der Fuchs, der Rastlose, der Ränkespinner.

Die Rasse der zweibeinigen Feinde, der „Schützen", wie sie hierzulande heißen, ist in sich sehr verschieden. Da ist das kaum noch hinter dem Ohr trockene Bürscherl, dem es einmal in allen Gliedern juckt, das lustige Wagnis zu bestehen, sei es nur, um zeitlebens von dem einen kühnen Gang auf der Bierbank renommieren zu können, oder am Ende gar seinem Schatz in der Feiertagsschule irgend was „Federiges" mitbringen zu können; kurz, halt auch „Einer" z' sein!

Voll Angst, am ganzen Leib zitternd, drückt er sich durch die Gräbn, durch die Latschn, tausendmal mehr auf das gefürchtete Nahen des Jägers, wie auf das Erreichen seines heiß ersehnten Zieles bedacht. Er dankt tausendmal seinem Herrn und Schöpfer, wenn es glücklich vorüber, und schwört hoch und teuer, den Schreck nicht noch einmal auszuhalten, und wenn er alle Feiertagsschülerinnen der ganzen Welt damit gewinnen könnte.

Da ist der arme Teufel von einem Holzer, einem Steinschlager, Kohlenbrenner oder Knechtl, dem das Biergeldl alleweil ausgeht, den eine Schuld drückt, der ein neues Gwand braucht oder gar z'gern auf den Kirta ging mit seinem Madl, wenn's nur a bißl langa tät!

Er probiert's einmal. Der Teufel hilft ihm zu einem Rehgeißl. Der Wirt in der Klamm kauft's ihm um ein blankes 10-Mark-Stückel ab; vier Tagschichten in einer Stunde verdient! Probierst's grad no amal, 's gibt ja gnua so Viecher, und gstohln is ja gar net amal, jeder schneidige Bua tuats, a Ehr is' eher, kei'

Schand. Und wenn's wirklich auftreffat, daß er mit an Jager ... – no, nachher lauft ma halt davon! Oder wenn's gar nimmer geht, kost's halt a paar Wochn, fragt a kein Mensch danach. Schiaßn, an Mord begehn – kein Gedanken – war no schöner. –

Da ist das rechte, wahre, wilde Jagerblut, dem's keine Ruh laßt; das sied't und kocht, kaum daß der Schnurrbart sich drehen läßt, das nicht fragt nach Geld und Gwinn, der richtige „Schütz", der aufgewachsen ist im Haß gegen die Jagerei, der nichts anderes gesehen und gehört hat im väterlichen Haus. Was? Er soll sich von so an Jagersknecht, so an Dahergelaufenen, verbieten lassen, frei im Berg umanander z' streifen, er soll die Reh, die Gams von unten anschauen, da müßt er eine schöne Letfeign sein, kein Madl könnt'n mehr achten.

Ja, der Vater selber; 's kommt ihm gerade vor, als wenn er ihn oft mit Verachtung anschauat, als wenn er sagn wollt', „no, was is denn, rührt sich denn gar nix in dir?" – Und eines Tages nimmt er das Abschraubgewehr, das oben liegt am Boden unter alten Brettern, das schon der Vater gführt, wie er gwiß weiß – und drauß is er.

Herrgott! is das a Leben! Und gleich ins Gamsrevier, mitten rein! Wenn gleich der Jager in der Näh wär – dann erst recht! Soll nur kommen, wenn er a Schneid hat. Grad verlangen tuat's ihm danach. Und alle alten grausamen Gschichten fallen ihm ein, die er hat erzähln hören von die Jager, und etwas Prickelndes, Feuriges steigt in ihm auf, das er selbst nicht gekannt bisher. Er soll seinen Mann schon finden.

Da ist zuletzt der fertige Lump, der Desperado der Berge, der jeden ehrlichen Erwerb aufgegeben, den nicht die Ehrfurcht, nicht jugendlicher Übermut, nicht die Leidenschaft treibt, sondern einfach die Raub- und Diebeslust, zu dem sich auch sofort der hinterlistige Mord gesellt, wenn die Gelegenheit gegeben ist.

In Hoagascht

Er ist mit allen Listen vertraut, kennt jede Terrainfalte seines Reviers, tritt am liebsten in Kompagnie mit einem gleichwertigen Genossen auf.

Da er darauf angewiesen, immer geldbedürftig, immer voll Diebesgelüste, ist er immer auf der Bahn, ein furchtbarer Feind des Wildes, das er unablässig beunruhigt. Sein Haß gegen den Jager ist ungemessen, er läßt es nicht auf das Zusammentreffen ankommen, auf einen Kampf Mann gegen Mann. Er wehrt sich nicht nur seiner Haut oder drückt sich wie die andere Art in die Büsche, wenn es noch möglich ist, sondern er mordet ohne Not, aus Haß, aus Bosheit, im Bewußtsein, sich seinen Todfeind vom Halse geschafft zu haben, aus dem Hinterhalt, scheinbar fliehend und sich dann verstellend, nach der Übergabe mit dem Messer, wenn bei dem Gegner die Vorsicht mangelt. Er ist eine gereizte Bestie, stets sprungbereit, und mit geschickt vorbereiteten Lügen, Alibis, mit Schreckmitteln seinen Landsleuten gegenüber so gut ausgerüstet, daß ihn selten die Hand des Gesetzes ereilt.

All diesen Burschen gegenüber, welche sich der Sympathie der ganzen Bevölkerung mehr oder minder erfreuen, für welche sogar das mit den Verhältnissen unvertraute Publikum ein romantisches Interesse empfindet, verdorben durch verfälschte literarische Berichte, Partei ergreift, steht der Jagdgehilf, allein mit seiner Büchs und seinem treuen Hund.

Er soll unterscheiden, zu welcher der eben angeführten Klassen der Ertappte gehört, in einem raschen Augenblick, im Drang der persönlichen Gefahr, unter den schwierigsten Umständen, um danach sein Vorgehen einzurichten.

Monatelang wird sein Revier beunruhigt, jeden Abend knallt es irgendwo. Der Förster ist fuchsteufelswild, macht ihm die schlimmsten Vorwürfe, im ganzen Dorf wird hämisch davon gesprochen. Er kommt nicht mehr heim, wochenlang paßt und paßt er und läuft sich die Füße wund – alles umsonst, es mag halt net – immer auf der verkehrten Seite – aber dann, endlich!

Ein Schuß ist gefallen, ganz in seiner Nähe – die Nacht fällt schon ein – gierig pirscht er sich an, hinter Stein und Latschn Deckung suchend. Da hört er's knacken. Büchs an die Wang. – Wart, Tropf, jetzt g'hörst mir!

Da schleicht's heran, im fahlen Lichte zwischen die Latschn geduckt, schwere Last am Rücken. – „Halt oder i schiaß!" – Ein Sprung nach rechts – verschwunden in den Latschn! Der Jager ihm nach, es kracht, als ob Hochwild durchbräch. – Die Wut, der Eifer raubt ihm die Überlegung. Auskommen darf er nicht!

Da blitzt es auf, keine zehn Schritte vor ihm aus dem Busch! Das bekannte Summen, wie von einer Biene, dicht beim Ohr, – dann wieder alles still –, kein Ästchen kracht mehr, der Lump ist verschwunden, als hätte ihn der Boden verschluckt, der Jager muß froh sein, noch zu atmen. „Recht g'schieht dir, ganz recht, mit dein'm Warten. Na, das nächste Mal!"

Das nächste Mal ist aber erst nach mühevollen Monaten, das Revier ist ja groß und zerklüftet – und da geht's erst recht schief.

Er geht der nagelfrischen Fährte nach, den Steig entlang. Er kennt jeden Nagel in dem Schuh, der sich in weichem Lehm abdrückt. Den Kopf am Boden wie ein Schweißhund sucht er weiter, da – „mach, daß di druckst, Jager", tönt eine tiefe, verstellte Stimme hinter einem Felskopf hervor. Ein Flintenlauf blitzt, gerade auf ihn gerichtet.

„Gib di, es nutzt di nix", ruft eine zweite Stimme von oben herab.

Die Wut über die Schmach kämpft einen kurzen Kampf mit dem Selbsterhaltungstrieb. Er weiß, was kommt: einen Schritt vor, eine Bewegung mit der Büchs, und er ist verloren.

„Na werd's!" drängt die Stimme. „Mach daß d' abi kimmst – und an schön Gruaß an' Förster."

Er muß weichen – alles andere wäre Selbstmord. Knirschend vor Zorn eilt er hinab in das Tal, schweigt aus Scham dem Förster gegenüber, aber Rache schwört er, blutige Rache!

Wieder vergehen Wochen, Monate, der Förster wirft ihm unzufriedene Blicke zu, in den Wirtshäusern kichern die Burschen und stoßen sich – die Kollegen selber werden irre an ihm. Ganz krank ist er vor Gram und Zorn.

Da, am Sonntag vor Kirchweih – im Anglgraben, da ist's schon lang nicht mehr geheuer; noch bei Dunkelheit, um vier Uhr in der Früh, hat er sich postiert. Nix kann ihm aus, was vom Tal hereinkommt in den Kessel.

In der drüberen Wand steht ein Rudel Gams, ganz vertraut. Um sieben Uhr herum wird das Scharl unruhig, eine Kitzgeiß pfeift, und dahin geht's den Felskamm hinauf.

Jetzt kommt wer! Das Herz schlägt ihm vor Erwartung. Diesmal weiß er, was er z' tun hat. Steine gehen unten im Graben. Ein Mensch schleicht herauf zwischen dem Gestein – ein Mann – Perspektiv heraus! – Is' schon! Die Büchs hat er unter dem Arm.

Ganz heiß steigt es ihm auf. Er hebt die Büchs, tupft ein – no z' weit! Sicher muß er ihn haben und von vorn, sonst spuckt's beim Gricht.

Der Bursch steigt an, durch einen freien Lanen. Ein dummer Teufel – muß doch no einmal schaun. Das Perspektiv zeigt jetzt deutlich ein junges bartloses Gesicht, eine schmächtige jugendliche Gestalt. Ob's a der is, von neuli, mit der tiefen Stimm? – Schwerli! Der ihn vom Berg runter gjagt hat. – Da packt ihn von neuem die Wut.

Er wirft die Büchs an die Wang. – Anrufen? – Daß er di auslacht.

Plötzlich wendet sich der Unglücksmensch. Ein weißes Hemd blitzt auf vor dem Visier, im Jager der Haß. – Der Schuß kracht! Der Bursch springt auf wie ein getroffenes Wild, und dann fällt er mit dem Kopf nach vorne in die Steine – kein Muxer mehr. – „Teufl!" Dem Jager wird es jetzt anders. Teufl! – Er eilt hinüber. Ein junges Bürscherl liegt vor ihm in seinem Blut, kaum achtzehnjährig. Er kennt ihn wohl, ein wohlhabender Bauernsohn. War wohl sein erster Gang.

Und was kann denn i dafür? Soll i mi nochmal zum Narrn haltn lassn? Allweil zum Gspött diena? A was? Was hat er denn z' tuan ghabt da heraus? Wär ja doch a Lump bliebn sein Lebtag – und doch – doch –.

Das Gewissen drückt. Und die Leut' – wenn man den Buabn hinunterbringt. Da geht's los über den elendigen Jager, über den schuftigen Mörder.

Aber was vorausgegangen, wie der Haß angeschwollen ist und das Gefühl der Schmach, davon spricht niemand, auch nicht von der Kugel, die wenige Wochen vorher ihm dicht an den Ohren vorbeigeflogen, auch nicht von dem schmachvollen Heimschicken.

Und wie oft geht's anders, trifft die Kugel, und der Jager wird im Latschendickicht den Füchsen und Krähen zum Raube. Kein Mensch fragt mehr danach.

Ich habe es zweimal erlebt; zwei braven Gehilfen, die nie gegen Menschen von der Waffe Gebrauch gemacht haben, habe ich das Geleit gegeben vom Mordplatz an das Grab.

Der eine fiel völlig arglos. Die Hand mit dem Sacktuch erhoben, um sich eben den Schweiß von der Stirne zu wischen, war durchschossen, mit ihr die Stirne.

Der andere stand auf der Paß vor einem geschossenen Spießer, den er nachmittags gefunden. – Wie sich das Drama

Des Wilderers Ende. Von H von Klenze

dann abgewickelt, weiß man nicht, doch beide Läufe seines Zwillings, der sich am Platz fand, waren in der Ruhe, also jede Absicht zu töten ausgeschlossen. Er lag am Boden, ein Hüne von einem Manne, ein Prachtmensch, mein Liebling und treuer Jagdgefährte – mit gehacktem Blei durch den Hals geschossen, und zwar aus nächster Nähe. In dem angebrannten roten Vollbart hing der Papierpfropfen. Keiner der Morde kam auf.

Wer das miterlebt, dem vergeht alle Sentimentalität, den reut auch der Bursche nicht im Anglgraben. Eines ist zu bedenken. Die Chancen in diesem erbitterten Kampf stehen für den Jäger unglaublich ungünstig. Mißerfolg und Gefahr ist hundertmal auf seiner Seite! Darum auch Gerechtigkeit im Urteil über ihn und dasselbe nicht oberflächlich gefällt, unbekannt mit Art, Wesen und Ort.

Anton Frh. v. Perfall, 1904

Nochmal davongekommen

An einem sommerwarmen Oktobermorgen des roten Jahres 1919 stieg der Förster Ragaller, ein sehniger Dreißiger, durch den Bergwald zur Reitalm hinauf, um Schutzdienst zu machen und nach seiner Hütte zu schauen, von der das Gerücht ging, sie sei von den Lumpen ausgeraubt worden, die überall in der Gegend bandenweise Treibjagden hielten. Man hatte ihn zwar von verschiedenen Seiten vor diesem Unternehmen gewarnt, ja sogar sein Forstmeister, sonst ein schneidiger Herr, hatte ihm abgeraten und gemeint, nachdem Ragaller erst jüngst einen Wilderer angeschossen, sei er im Berg seines Lebens nicht mehr sicher, auch sei einer allein machtlos in solchen Zeiten.

Der wackere Ragaller aber hatte geantwortet, wenn jeder so dächte, dann würde man der Lumpenplage nie Herr; einer müsse doch einmal den Anfang machen und den Kerlen zeigen, daß sich die Jagerei nicht alles gefallen lasse. Er habe weder Weib noch Kind, auf die er Rücksicht nehmen müsse, sei ein alter Feldzugssoldat, den man eigens deshalb von der Front in die Heimat zurückgerufen, damit er dort Jagdschütz übe, und außerdem widerstrebe es ihm als Mann und Jager, sich in seinen Bau zu verkriechen, wenn im Revier der Teufel los sei und das ihm anvertraute Wild von gewissenlosen Aasjägern niedergemetzelt würde. Da hatte ihn der Forstmeister, schwankend zwischen Anerkennung und Mißbilligung, einen bockigen Steinesel genannt, ihm die Hand geschüttelt und gute Rückkehr gewünscht!

Jetzt hatte der Förster nach etwa dreistündigem Steigen den höchsten Punkt des auf der Nord- und Ostseite bewaldeten Berges erreicht und trat auf einen ausgedehnten Schlag hinaus, der ihn noch von der Reitalm trennte. Durstig vom Marsch und der föhnigen Schwüle des Tages ließ er sich an einem Quell nieder, um Mittag zu machen, lehnte den Repetierer neben sich und kramte im Rucksack nach der Vesper, die ihm seine Hauserin eingepackt hatte.

Blaugoldener Friede lag über der Bergwelt, wolkenlos lachte der Himmel auf das flimmernde Zackenmeer des nahen Karwendels, kein Laut außer dem leisen Glucksen der Quelle unterbrach das sonnige Schweigen.

Mit wohligem Seufzer lehnte sich der Förster gegen einen morschen Strunk, in der Rechten sein Käsebrot, in der Linken die Thermosflasche, die ihm seine Wirtschafterin mit kaltem Tee gefüllt hatte ..., da klirrte in seiner nächsten Nähe Metall auf Stein.

Unwillkürlich schnellte der Förster auf, griff nach seinem Gewehr und sah einen Büchsenlauf hinter einem Felsblock hervorlugen, während eine rauhe Stimme ihn anherrschte: „Druck di, Jager, sonst schnallt's!"

Einen Augenblick überlegte der Förster, dann wandte er sich achselzuckend zum Gehen ...

„D' Büchs bleibt da, verstandn!" befahl von links her eine andere Stimme, und zugleich richteten sich noch zwei Stutzenmündungen auf den Eingekreisten. „Tu 's Gwehr weg, ist gscheidter", fiel ein dritter ein, „mir san unser sechs!" Betroffen sah sich der Förster nach dem neuen Feind um; er war in der Falle und jeder Widerstandsversuch Selbstmord. Aber trotzdem dachte er nicht daran, sich zu ergeben.

„Lebendi kriegts mi net!" Mit einem Satz, der einem flüchtigen Hirsch Ehre gemacht hätte, sprang er abwärts, um hinter einem Storren Deckung zu suchen, da krachten zwei Schüsse, die Büchse entfiel des Försters linker Hand, die von einer der Kugeln angeschlagen wurde, und zugleich drangen sechs mit schwarzen Masken vermummte Kerle auf den Verwundeten ein.

„Ham mer di endli, Leutschinder, mistiger! Jetz sollst uns büßn für unsern Kameradn, wo d' neuli hast auffigschossn, Bluthund, verdammter!"

Mit finsterer Entschlossenheit schaute der Wehrlose auf seine Gegner. Er wußte, daß er verloren war, aber schwach sollte ihn das Gesindel nicht sehen!

„Machts wenigstens schnell a End!" sagte er mit fester Stimme.

„Des machn mer scho, bal die andern erst da san! Kannst es denn gar nimmer derwartn?" höhnte einer mit rohem Lachen, sprang auf einen Baumstumpf und schaute den Hang hinab, wo näher kommende Stimmen hörbar wurden.

„Mach di bereit!" gebot der Anführer der Bande. „Willst ebba no a Vaterunser betn, is höchste Eisenbahn . . ., drei Minutn hast Zeit!"

Schwüles Schweigen breitete sich über die Gruppe, nur die immer näher kommenden Stimmen der Heraufsteigenden klangen durch die sonnige Bergesstille, und in der Ferne lachte ein Specht.

Jetzt tauchten noch zwei Burschen zwischen den Stauden auf, und fast zugleich sagte der Anführer der Vermummten: „Sei Zeit is um, wann i sag: ‚Feuer', na schnallt's, habts mi verstandn?!"

„Woll, woll!" brummte es mehrstimmig. Fünf blinkende Gewehrläufe gingen hoch und richteten sich auf den Grünen, der blaß und blutend an dem vom Wetter weiß gebleichten Baumstorren stand wie ein Trapper des Westens am Marterpfahl der Indianer.

Und wieder begann der Rädelsführer, diesmal in jenem sonderbar singenden Ton, der den Bauern eigen, wenn sie ausnahmsweis Hochdeutsch sprechen. „Hans Ragaller, der Blut-

hund, wird zum Tode durch Erschießen verurteilt, weil er einen der Unsrigen meuchlings ...“

„Hör auf, Lump, verlogener!“ fiel ihm der Förster empört ins Wort. „A gemeiner Mörder bist und kei Richter! Mach Schluß mit deiner Komödi!“

Damit riß er sich das Hemd am Hals auf und bot den Feinden die breite, rot behaarte Brust, auf die an schwarzer Seidenschnur eine Silbermünze herabhing.

„Was hat er denn da, der Betbruder, ebba gar was gweichts Wundertätigs?“ höhnte einer.

„Des werd er scho irgendwo mitgehn ham lassn!“ meinte hämisch ein anderer.

„Es ist net jeder a Lump wie du!“ flammte der Förster auf.

„Laß schaun!“ mengte sich einer der eben Herzukommenden ein. „Aber des ist ja, halt auf ...!“ Er brach ab, als habe er zuviel gesagt, und fuhr, gegen den Grünen gewendet, fort: „Woher hast denn du diesell Münz?“

Der Förster antwortete nicht sogleich; er schien zu überlegen, ob er Rede stehen solle, dann sagte er unwirsch: „I habs von ein, wo i an der Somme hab aus an Granattrichter zogn, in den wo er sonst wär ertrunkn. Er is aber na do kaputt gangen, soviel daß i ghört hab, im Lazarett an sein Bauchschuß ... und sei Marientaler, wo er mer hat als Andenkn gebn, hat 'n so wenig vor'n Tod geschützt, wie er jetz mi schützt ...“

Wieder trat tiefe Stille ein, dann nahm der Bursch, der zuletzt gekommen, den Rädelsführer beiseite, redete halblaut auf ihn ein und wandte sich wieder an den Förster: „Was den Taler betrifft, bist im Irrtum, Ragaller, er hat densell'n 's Lebn grett, wo du aus 'n Granattrichter zogn hast mit eigner Lebensgfahr, und dir hat er 's aa grett ... Wann d' aber z' wegn dem glaubn tätst, daß ebba i dersell wär, na wärst gstimmt. I hab 'n grad gut kennt den-

selbign; er hat mer die Gschicht verzählt, wie mer z' Aschau im Erholungsheim gwesn san, und jetz pfüt di Good und schau, daß d' gut abikimmst mit dein Armschuß.“

Arthur Schubart, 1935

Der Seethaler raucht keinen Guten

Wenn ich die vielen Geschichten durchgehe, die ich seiner Zeit in Ramsau und Hintersee, in Bartholomä und auf der Gotzen-Alm, auf dem Hirschbühel und Herrenroint von Jägern gehört habe, so fällt mir immer wieder eine Gestalt ein, die jetzt noch unter die Lebenden gehört und die ich deshalb bei Niederlegung dieser Skizzen mit einem anderen Namen belegen will.

Der Seethaler war ein stämmiger Bursche, königlicher Jagdgehilfe, und die Wilderer sagten ihm nach, daß er „keinen guten rauche“. Auf der anderen Seite aber gibt es auch unter den Wilderern verwegenere Kerle, als sonst überall im ganzen bayerischen Gebirge. Ein Wilderer von Hohenschwangau, Partenkirchen, Mittenwald ist ein armseliger Tropf gegen die Gestalten, welche von Zeit zu Zeit in dem endlosen Krieg des unberechtigten gegen den berechtigten Jäger auf den Bergen des Berchtesgadener Landes auftauchen.

Und gerade ein solcher war es, mit welchem der Seethaler einmal auf der Berchtesgadener Kirchweih in einem kleinen Wirtshaus zusammenrückte.

Ich nenne den Feind des Seethaler kurzweg Hans. Die beiden wußten wohl, wessen sich der eine vom anderen zu versehen hatte. Der Krieg war ohne Erklärung längst zwischen ihnen ausgebrochen, und es bedurfte nur eines Funkens, um den Haß zur Lohe zu entflammen.

Als der Seethaler ins Wirtshaus trat – es war längst nicht mehr das erste, das er an diesem Tage besucht hatte –, saß Hans an einem Tisch und zechte. Es ist Sitte, daß man eintretenden Bekannten „es bringt“, will sagen, daß man ihnen den Bierkrug zum Bescheid hinhält.

Wäre der Seethaler nüchtern gewesen, so hätte er ohne Zweifel das Anerbieten stillschweigend angenommen, um nicht Veranlassung zu unnützen Händeln zu geben.

Allein die Wirkung des Alkohols begünstigte eine folgenschwere Aufrichtigkeit. Die höfliche Einladung wurde mit der Frage beantwortet: „Meinst du, ich trink von einem Lumpen?“ Worauf der Hans sich beeilte zu sagen: „Du elendiger Jager, was sagst du da, was kannst du mir beweisen?“

„Meinst du, ich trink von einem Lumpen?“ wiederholte mit erhobener Stimme der Seethaler.

„Du Tropf, wie kannst du so etwas sagen?“ entgegnete Hans.

„So, und daran denkst du vielleicht nimmer, wie ich dich vor vier Wochen droben am Trischübel abgelauert hab? Mich hast freilich nit gesehen – aber das sag ich dir, wenn wir wieder einmal zusammenkommen, dann kenn ich einen, der das Singen lernen soll!“ schrie der Seethaler.

„O du Taubenjager“, rief Hans, „da ist mir nit bang davor, gib nur obacht, daß du nicht vor mir fertig wirst.“

„Du Lump“, brüllte der Seethaler im höchsten Zorn, „dich werd ich treffen.“

Es stand Hans' Ansehen bei den Gästen auf dem Spiel, wenn er sich für die Beschimpfungen des Seethaler nicht Genugtuung verschaffte. Er erhob sich deshalb rasch von seiner Bank, ergriff den Seethaler am Hals, schleifte ihn, nachdem er die Stubentür aufgerissen hatte, über die Schwelle und durch den Hausflur und warf ihn auf das Pflaster der Gasse, daß er auf der Nase lag.

Alles nahm für den Siegreichen Partei und verhöhnte den Jager. Mit dem Ruf: „Das sollst du mir büßen!“ entfernte sich dieser vom Schauplatz.

Einige Zeit später kam die Allerseelenwoche, die erste Woche im November. Diese wird von den Wildschützen gern zu Jagdausflügen benützt. In ihren Augen gehört das Wild, das von den Mächtigen als ausschließliches Eigentum beansprucht wird, dem armen Volk, und deshalb beschützen die „armen Seelen“ um diese Zeit das Wild und den Schützen vor den Jagern.

Hans versah sich mit Schroten und Kugeln, die er an Weihnachten gegossen, und mit einem Bildschleichtopf, damit sein Schuß unfehlbar werde.

Aber der Seethaler war seinem Versprechen nicht untreu geworden. Er lauerte an der Watzmann-Scharte, nicht weit von der Kuhroint-Alm. Und siehe da! Von seinem Felsversteck aus sah er, wie drei Wildschützen von dem großen Schneefeld der „Scharte“ gerade auf ihn zugingen. Der hinterste von ihnen war der Hans. Der mittlere trug einen Gamsbock.

„Halt!“ schrie er hinter seinem Felsen hervor.

Die Wilderer aber beantworteten die Aufforderung damit, daß sie ihre Gewehre erhoben.

Dem Seethaler war es nicht um das Warten zu tun. Er feuerte den ersten Lauf seines Doppelgewehres ab, und der mittlere der Wildschützen, derjenige, der den Gamsbock trug, stürzte tot zu Boden, nachdem eine Kugel seinen Hals durchrissen hatte.

Der zweite Schuß galt Hans. Dieser Lauf war mit Schrot geladen, und das Blei tat seine Schuldigkeit. Einige Schrote schlugen ihm die Zähne aus, andere drangen in den Gaumen und in die Luftröhre.

Der dritte entwischte.

Der Hans stürzte über einen Hang, der ein wenig mit Gras bewachsen war. Die Schmerzen marterten ihn unbeschreiblich, doch wollte er zu seinem gefallenen Kameraden hinkriechen, um zu sehen, was aus ihm geworden war. Während dieses Kriechens aber überraschte ihn der Todeskampf.

Als nach zehn Stunden die vom Seethaler berufene Kommission hinaufkam, wurde er gefunden, wie er die Hand in seinen Zuckungen bis ans Gelenk in die Erde des Rasens hineingebohrt

Der schwierige Schuß

hatte. Seine Person wurde erst erkannt, nachdem man ihm den Ruß vom Gesicht abgewaschen, mit welchem er sich als Wilderer unkenntlich gemacht hatte.

Nach dieser Tat entstand ein allgemeiner Schrei nach Rache. Acht Tage später konnte man an der nämlichen Stelle dreißig bewaffnete Wilderer sehen, die nicht auf Gamsen oder Hirsche, sondern auf denjenigen ausgingen, der über ihren Kameraden Hans einen so schmerzvollen Tod gebracht hatte.

Dieses Wild konnten sie indessen nicht mehr aufspüren, weil der Seethaler sofort in ein anderes Revier versetzt worden war.

Aber auch in diesem anderen Revier dauerte es nicht lange, bis man von seinen Heldentaten hörte.

Einige Zeit darauf saß er dort in einem Wirtshaus, als ein anwesender Bursch unter allerlei anzüglichen Redensarten damit zu hänseln begann, daß er es gewesen sei, von welchem die Geschichte auf dem Watzmann erzählt werde.

„Und wenn's so ist, geht's dich vielleicht was an?" fuhr der Seethaler auf.

So gab ein Wort das andere, bis der Bursche, der sich ohne weiteres als Wildschütze bekannte, drei Bleikugeln aus seiner Tasche zog und sagte: „Unter den dreien ist wohl eine für dich!"

Und auf das hin schlugen sie einander in die Hand und wetteten, und der Wirt wurde als Zeuge ihrer Wette herbeigerufen.

Zwei Wochen später saß der Seethaler an einem schönen Morgen während der Kirchzeit draußen am Rande einer Lichtung und wartete auf einen Hirsch.

Die Glocken schollen eintönig herüber, und beim Anblick des Schlages, in welchem sich nichts regte, bekam der Seethaler eine Anwandlung von Langeweile. Da kam ihm der Gedanke: „Wie wär's jetzt, wenn der käme, mit dem ich gewettet habe?"

Und – kaum gedacht, da steigt einer über einen Zaun im Hag. Die Schuhe hat er über die Schulter, damit ihn das Geknister zertretener Zweige oder das Rascheln des Laubes nicht verrate, das Gewehr in der Rechten. – Siehe da, es ist kein anderer als der Mann mit den drei Kugeln.

Ruhig ließ der Seethaler ihn bis auf Schußweite nahe kommen, dann rief er: „Halt!" Und als der Wildschütze auf den Ruf hin sofort sein Gewehr erhob und sich umschaute, wohin er den Lauf zu richten habe, da scholl es ihm entgegen: „So, also da kommen wir zusammen!", und eine Kugel streckte den Wildschützen nieder, indem sie ihm in die Stirne drang.

Der Seethaler ließ den Wilderer im offenen, sonnenbeschienenen Hag, in den die Kirchenglocken hereinsummten, liegen und ging fort, das Gericht in Kenntnis zu setzen. Er konnte es furchtlos tun, war doch sein Gegner nicht hinten, sondern vorne, in die Stirne getroffen worden, und das ist alles, was das Gesetz verlangt. Man schickte einen Gendarmen hinaus, der den Getöteten bewachen sollte, bis die gerichtliche „Kommission" ankäme, die den Tatbestand zu erheben hat. Der Seethaler aber duldete nicht, daß sich der Hüter des Gesetzes allein in der Nähe des Getöteten aufhielt. Es ist bei nachlässiger Bewachung vorgekommen, daß Kameraden des Opfers das Gewehr wegnahmen und es durch eine Holzaxt ersetzten – ja, daß sie dem Leichnam Stellungen der eigentümlichsten Art gaben, um die Augen der „Kommission" zu täuschen und den Vorfall so hinzustellen, als sei der Getötete während irgendeiner friedlichen und sehr harmlosen Beschäftigung wehrlos ermordet worden.

So wachte der Seethaler mit dem Gendarmen die Nacht durch bei dem Toten. Die Kommission erschien, und durch das ärztliche Gutachten ging der Jäger frei aus.

Heinrich Noé, 1875

Ein „leuchtendes Beispiel“

Es gibt bei uns gewisse Gegenden und Ortschaften, in denen das Wildern zum guten Ton gehört und wo sich das unsaubere Vergnügen vom Vater auf den Sohn vererbt, meist sind es auch sehr wildreiche Gegenden, in denen auch ob der Schönheit der Natur ein starker Fremdenzufluß stattfindet und den Absatz des gestohlenen Wildes begünstigt. Hier sollte der Hehlerei fest auf die Finger geklopft werden. So hat kürzlich im Hotel zum Salzburger-Hof in Berchtesgaden die Gendarmerie Haussuchung gehalten, weil es da stark nach gefreveltem Wildpret roch – und richtig fand man im Keller eine frische Rehgeiß, welche sofort beschlagnahmt wurde. Als Frevler wurde der Herr Bürgermeister (!) von Ettenberg herausgebracht, welcher auch noch in derselben Nacht den Besuch der Gendarmerie erhielt, und dort fand man das Rüstzeug eines richtigen Wilddiebes von Profession, Gewehre, Schlingen etc. Die Geiß war auch in der Schlinge gefangen und abgeknickt worden. Der Herr Bürgermeister verlegte sich aufs Leugnen, es half aber nichts, denn es stellte sich heraus, daß er sein Wildpret an den Wirt von Gern verkaufte und dieser den Verschleiß besorgte. Nach glaubwürdiger Aussage ist der bewußte Herr Bürgermeister, der doch als Amtsvorstand seiner Gemeinde mit gutem Beispiel voranleuchten sollte, ein ganz gemachter Wilddieb, was die eingeleitete Untersuchung feststellen wird. Nun wird wohl das Geschäft dieses Herrn und vielleicht auch seines Verschleißers als Hehler auf längere Zeit ruhen, denn das Strafmaß dürfte sich durch die gewerbsmäßige Fortsetzung und den Fang eines Wildes in Schlingen, das der Hege unterliegt, namhaft verschärfen.

Deutscher Jäger, 1891

Der Isarwinkler

Der Landstrich zwischen Tölz und Vorderriß zu beiden Seiten der Isar, von waldreichen Bergen umschlossen, trägt den Namen Isarwinkel und ist von Leuten bewohnt, die die kräftigsten, größten und breitesten Burschen zum Leibregiment nach München liefern, deren Ahnen sich durch Kriegstaten hohe Verdienste um das bayerische Fürstenhaus erwarben, die aber seit alter Zeit das Wildern mit einer besonderen Verwegenheit und Verschlagenheit betreiben. Wollte einer die bekannteren Fälle seit einem Jahrhundert, die für das Jagdschutzpersonal tödlich verliefen, zusammenstellen, es würde ein dickes Buch daraus. Blättern wir aber in den Aufzeichnungen der Jäger dieser Gegend auf fünfzig Jahre zurück, so finden wir Fälle, die fast regelmäßig einem Beteiligten das Leben kosteten, aber fast niemals den Übeltäter vor das Strafgericht brachten. Ein Bergvolk, dessen Söhne durchschnittlich 1,70 Meter Höhe, ja im Lenggrieser Gemeindebezirk sogar 1,78 Meter Höhe erreichen, wetterhart und findig, muß den Hegern gefährlich werden, wenn es von der Jagdleidenschaft erfaßt ist und lieber das Leben in die Schanze schlägt, als sich gefangen zu geben.

Man darf der männlichen Bevölkerung die ärgsten Strapazen zumuten, Leistungen schier unglaublicher Art, und man wird sich selten irren in der Annahme, daß sie ertragen und durchgeführt werden, dank eines außerordentlich widerstandsfähigen Körpers und einer Willensenergie, die Eisen zu brechen veranlagt erscheint. Der Isarwinkler ist der beste Flößer und der verwegenste Wilddieb auf der ganzen Erde; er braucht keinen Pfad, um einen Kapitalhirsch im tiefsten Winter auf den Schultern von den Höhen durch das schützende Dunkel der Nacht herabzutragen; er klettert wie die flinke Gams und ist flüchtig wie der Hirsch, wenn er den Verfolger auf warmer Fährte spürt.

Solange bei solcher Körperdisposition zu außerordentlichen Leistungen auch noch der Jagdschutzdienst als Schande betrachtet wurde, konnte an eine Besserung der Feindschaftsverhältnisse zwischen der Bevölkerung und den Berufsjagdgehilfen nicht gedacht werden. Erst in neuerer Zeit trat ein Umschwung insofern ein, als die Behörden, die Ohnmacht erkennend, ein Auge zudrückten, wenn es galt, einem Eingeborenen den Eintritt in den Jagdschutzdienst zu erleichtern. Zeigte sich ein Isarwinkler geneigt, die Berufsjägerstellung zu übernehmen, so ging man über sein Vorleben hinweg und tat gut daran, denn gewildert hat jeder, bevor er Jäger wurde, und gar oft ist es lediglich der Leidenschaft zuzuschreiben, daß ein Isarwinkler übertritt, um auch ferner, und zwar ohne Verfolgung, die Jägerei betreiben zu können, vorausgesetzt, daß dem einzelnen ein bescheidener Abschuß im Jahr bewilligt wird. Als der Anfang hierin einmal gemacht war, steigerte sich bald die Zahl der Übertritte. Gleichzeitig reduzierte sich der Wilddiebstahl, der kolossale Dimensionen angenommen hatte, auf halbwegs erträgliche Grenzen, indem die Erfahrungen der neueingetretenen Gehilfen aus deren früherer Wildererlaufbahn der Jägerei dienstbar gemacht wurden. Mit dem Dienstabzeichen auf dem Hut, durch ein fixes Einkommen versorgt, mit Prämien für Raubzeugvertilgung angeeifert und mit einer bescheidenen Abschußerlaubnis versehen, sind frühere Wilderer immer die besten Jäger und erbitterte Gegner der einstigen Genossen geworden.

Im Wilderertum selbst steigerte sich angesichts solchen Umschwunges die Verschlagenheit und besserte sich leider die Bewaffnung, die sich jede Vervollkommnung der Technik zunutze machte, fand man doch bei erschossenen Wilderern statt der früher üblich gewesenen Vorderladerstutzen zerlegbare Lancaster-Pirschstutzen und Büchsflinten; selbst der neue Drilling wird trotz des hohen Ankaufspreises geführt und entschieden besser

Nach der Tat.
Fr. Freund

gehandhabt als von manchem Jagdliebhaber. Je schärfer frühere Genossen im Dienst vorgingen, desto größer war naturgemäß die Erbitterung bei den Verfolgten, und ausgerottet ist das Wildererunwesen keinesfalls; ja man fahndet noch immer vergebens nach Tätern aus alter Zeit, wie auch die Behörden eine fieberhafte Tätigkeit in unseren Tagen entwickeln, um – nichts zu erreichen. Die Toten reden nicht, und die Lebenden sind stumm wie die Toten.

So ist der Fall von vor nahezu fünfzig Jahren, als der Revierjäger nebst Gehilfen vor Gmund am Tegernsee direkt erschlagen wurde, heute noch genauso unaufgeklärt wie die vor wenigen Monaten erfolgte Ermordung eines Jägers unfern der Benediktenwand. Unentdeckt sind die Wilderer geblieben, die in der zweiten Hälfte der 30er Jahre den Tölzer Revierjäger samt seinem Fanghund meuchlings niedergeschossen haben und dem Toten das Gewehr raubten.

Ein Marterl am Wachselmoos erinnerte lange an den Jagdgehilfen Josef Heiß von Benediktbeuren, der auf der Büchermanneralpe einen Schuß derart erhielt, daß ihm die Räderchen seiner Taschenuhr in die Eingeweide geschlagen wurden. Der Täter blieb unbekannt.

Bald darauf war das Gehänge der Benediktenwand abermals der Schauplatz einer Bluttat, bei der ein Revierförster durch zwei Schüsse in den Unterleib tödlich verletzt wurde und starb, ehe sein Begleiter Hilfe bringen konnte. All das steigerte die Erbitterung der Jäger aufs höchste, und es wurde – was menschlich begreiflich, gesetzlich freilich nicht zu rechtfertigen ist – bei Aufgehung von Wilderern stets sofort von der Waffe Gebrauch gemacht und der Einfachheit halber auf eine Anzeige verzichtet.

So verschwand ein Gamsdieb von Lenggries, der auf den Ochsenkamp wildern ging, spurlos, und erst nach vielen Jahren konnten seine Gebeine in einer Schlucht gefunden werden, mit dem Anzeichen, daß der Bursche niedergeschossen worden sein mußte. In den sechziger Jahren wurden einige Jagdgehilfen lediglich durch das Versagen der Kapseln auf dem Piston der Wilderergewehre vor dem Tode gerettet; natürlich ließen die Jäger dann den Wildschützen nicht mehr Zeit, neue Zünder aufzustecken, und schossen die Attentäter über den Haufen.

Diese Fälle dürften Ursache gewesen sein, daß sich speziell Lenggrieser Burschen truppweise zu Raubzügen in die königlichen Reviere vereinigten. Ein solcher fünf Mann starker Trupp aquirierte in Mittenwald ein leeres Floß, dirigierte das Fahrzeug nach Krün, wo ausgestiegen und im Leibgehege ein regelrechtes Treiben auf Hochwild arrangiert wurde, wobei sechs bis acht Stück zur Strecke gebracht wurden. Die Kanonade rief das in den höher gelegenen Revieren stehende Personal herunter, doch wagte man keinen direkten Angriff wegen der Überzahl der Wilddiebe. In der Nacht schafften diese dann das erbeutete Wild auf das Floß und fuhren auf der Isar ab. Bei Vorderriß kam es dann zu der berühmten „Seeschlacht“, bei der die aufmerksame Jägerei auf die Bemannung des Floßes einige Salven abgab und die Wilderer das Feuer scharf erwiderten.

Am nächsten Morgen wurden die Trümmer des Fahrzeugs, ein toter Wilderer und das gestohlene Wild am Isarufer bei Fleck, oberhalb Lenggries, gefunden. Unter der Jägerei hatte man keinen Verlust an Menschenleben zu beklagen. Die „Seeräuber“ blieben unentdeckt.

Bald darauf wurde der Jagdgehilfe Öttel in jener Gegend von Jachenauer Wilderern erschossen; diese Mörder fielen der Behörde in die Hand und wurden zu langjährigen Zuchthausstrafen verurteilt. Diese schwere Ahndung wirkte aber ebensowenig abschreckend wie die Menschenverluste innerhalb der „Wilderergilde" selbst. Im Gegenteil beweist ein Fall, daß der Jagdteufel selbst Soldaten in fernen Garnisonen beim Kragen hatte. So erhielt – nach einer Aufzeichnung eines Berufsjägers im Fachblatt der Förster – der Weber Hannes von Gaißachrain, der Ende der siebziger Jahre bei den schweren Reitern in München diente, an einem Donnerstag einen mehrwöchentlichen Urlaub, und am Samstag darauf wurde er vom Forstgehilfen Schuster beim Wildern in der Vorderriß erschossen. Noch drastischer erging es dem Hoißenblasi von Lenggries, der bei jener Seeschlacht dabeigewesen sein soll und keine Ausgabe scheute, um stets die neueste Büchsenkonstruktion zu haben. So ließ er sich im Jahre 1880 nach eigenen Angaben (!) einen kurzen, leichten Lancaster-Pirschstutzen in Suhl (Thüringen) anfertigen und nach München schicken, wohin er eigens reiste, um das Gewehr in Empfang zu nehmen. Wenige Tage später wollte der Blasi den neuen Stutzen im königlichen Revier probieren, wurde aufgegangen und auf der Luitpolder Alm im Forstamt Jachenau vom Forstgehilfen erschossen. Sein Nachlaß zeigte einen Erbschaftsstreit um die Summe von 700 Mark, welche nach den Aufzeichnungen des Erschossenen der Erlös aus verkauftem, natürlich gestohlenen Wildpret war!

In Richterkreisen der Hauptstadt wird heute noch der Fall des Lexen Kaspar von Gaißachrain besprochen, der die Entsendung eines der gewiegtesten Richterbeamten Münchens nach Tölz zur Folge hatte. Der kleine, außerordentlich agile Bursche hatte einem Forstgehilfen einen Arm weggeschossen, wartete aber die Untersuchung des Falles nicht ab, sondern drückte sich mit großem Raffinement nach Amerika, wohin er die Braut nachkommen ließ und jenem Richter brieflich die vollzogene Heirat bekanntgab. Da die Auslieferung zu kostspielig war, ließ man den frechen Burschen drüben.

Aber nicht allein Jagdgehilfen sind vogelfrei; auch Gendarmen fallen im Dienst durch Kugeln aus Wilderergewehren. So wurde 1886 ein Tölzer Gendarm bei Stallau zwischen Tölz und Benediktbeuren in einer mondhellen Nacht erschossen, als er einen Wilderer anrief und verfolgen wollte. Der Täter blieb unbekannt. Zum Hohn für die Bemühungen der Behörden fand man am Allerheiligentag Rehläufe auf dem Grab des erschossenen Gendarmen.

Ein Fall im Jahre 1891 ging unserem Prinzregenten Luitpold besonders nahe. Einer der Lieblingsjäger dieses hohen Herrn, der sogenannte schöne Toni, wahrlich eine typisch Jägergestalt, brav, treu und dienstwillig wie nicht leicht wieder ein Bursche, tat im November jenes Jahres im Leibgehege des Regenten auf dem Rauchenberg Dienst, stieß auf einen Wilderer und wurde, ehe er sich in Verteidigungszustand setzen konnte, niedergeschossen. Toni vermochte sich noch auf die andere Seite des Berggipfels zu schleppen, wo er die mit seinem Kollegen verabredeten Notschüsse abgab und dann ohnmächtig wurde. Ins Krankenhaus zu Tölz gebracht, lag Toni zwischen Leben und Tod lange Zeit. Der Regent schickte seinen Leibarzt an das Krankenlager des Jägers, auch Professor Angerer kam im allerhöchsten Auftrage, und ärztliche Kunst brachte den Burschen so weit, daß er im Februar auf ein Stündchen täglich auf einer Bank vor dem Hause sitzen oder eine kleine Strecke gehen konnte. Da glitt der Mann plötzlich aus, stürzte und war wenige Stunden später eine Leiche. Von dem Täter hat man heute noch keine Spur.

Nicht minder beteiligt am Wildererunwesen wie die Orte am rechten Isarufer sind auch die Ortschaften Wackersberg, Arzberg und Steinbach. Speziell im letzteren Dorf war es der Bauer auf dem Gehöft „Niggl am Steinbach", der dem Wildern mit

Leidenschaft ergeben war. Eine hochgewachsene Erscheinung mit finsterem Blick, mied der wilde Niggl jede Gesellschaft und ging stets allein seiner Wege; meist verließ er zur Nachtzeit sein Gehöft, und zwar stets sofort in der Richtung gegen den nahen Wald. Warum er solche nächtlichen Gänge unternahm, konnten die Knechte und Mägde des Gehöftes unschwer erraten; doch machten sie davon kein Aufhebens, da ja von den Knechten auch mancher die Nacht auswärts zubrachte.

Gegen alle dörfliche Gewohnheit war Niggl auch eines Tages mit einem Eheweibe auf dem Hofe erschienen; ohne jedwede Feierlichkeit stellte er die neue Bäuerin dem Gesinde vor und befahl den sprachlosen Leuten barsch, nicht lange Maulaffen feilzuhalten und an die Arbeit zu gehen; sie hätten später noch Zeit genug, sich die Bäuerin anzusehen.

Außer Gehörweite lispelten die Dirnen, daß sie sich hängen ließen, wenn eine solche Heirat und ein solches Umspringen mit alten Gebräuchen zu einem guten Ende führen werde. Aber dem wilden Niggl sieht so was schon gleich.

Der Aufzug einer Bäuerin auf dem Nigglhof änderte gar nichts im gewohnten Gange; es war eben nur eine Weibsperson mehr auf dem Gehöft; die Wirtschaft führte die neue Bäuerin, und die alte Hauserin wurde fortgeschickt. Die Knechte und Mägde verrichteten ihre Arbeit verdrossen wie bisher, der finstere Blick des Bauern bannte ihre Zungen; drückende Schweigsamkeit herrschte auf dem Hof, solange der Bauer anwesend war. Verschwand er, so wurde gezischelt und getuschelt. Was der Bauer wohl treiben mochte während seiner häufigen Abwesenheit? Die weiblichen Ehhalten glaubten, daß er zu Hexen gehe, um die schwarze Zauberei zu lernen, wie der verstorbene Hexenmartl von Wackersberg, der beim Gabriel auf dem Ertlhof in Dienst stand und chimizzen (blitzen) und thoren (donnern) lassen konnte, wie er auch Mäuse zu bleichen vermochte und mit seinem Zauberstocke, in welchem eine Kuhklaue stak, das verlaufene Almvieh sofort um sich versammelte, wenn er seinen Hut auf dem verhexten Stock im Kreis drehte. Auch die Bäuerin schien nicht abgeneigt, an Hexerei ihres Mannes zu glauben. Die Knechte aber wußten es besser. Der Bauer hat den Schießteufel im Leib, und dieser ist's, der ihn hinauftreibt in die Berg.

Aber der wilde Niggl kam immer wieder herab, wenn auch oft zerfetzt und zerschunden und immer bei nachtschlafender Zeit. War dann während seiner Abwesenheit die Arbeit nicht geschehen und auch im Hause Unordnung, setzte es böse Worte. Die Bäuerin wurde nachlässig, weil ja doch bei dem unheimlichen Menschen nichts „derkennt“ war. Die Wirtschaft ging mit Riesenschritten zurück. Eines Tages jagte er dann das eigene Weib samt den Ehhalten vom Hof, eine Tat, die weit und breit Aufsehen hervorrief, zumal Niggl regelrecht die Scheidung von Tisch und Bett beantragen ließ.

Durch die Aussagen der verjagten Ehhalten wurde auch bekannt, wie häufig der unheimliche Niggl vom Hof abwesend war, und die Jägerei konnte unschwer seine Ausflüge ins Gebirge mit den oben verübten Wilddiebstählen in Verbindung bringen. Das gab den ersten Anhalt, und nun verstand sich die Überwachung von selbst. Aber das Abfangen auf frischer Tat wollte nicht gelingen.

Allein auf dem Hof bleiben konnte der wilde Riese nicht, und so nahm er wider alle Sitte ein sogenanntes „arm's Leut“, die rabenschwarze Tochter einer Karrenzieherin, ins Haus, die ihm die Wirtschaft führen mußte. Die landwirtschaftlichen Arbeiten ließ der verschlossene Mensch liegen.

Dann verschwand Niggl plötzlich wieder und blieb länger als

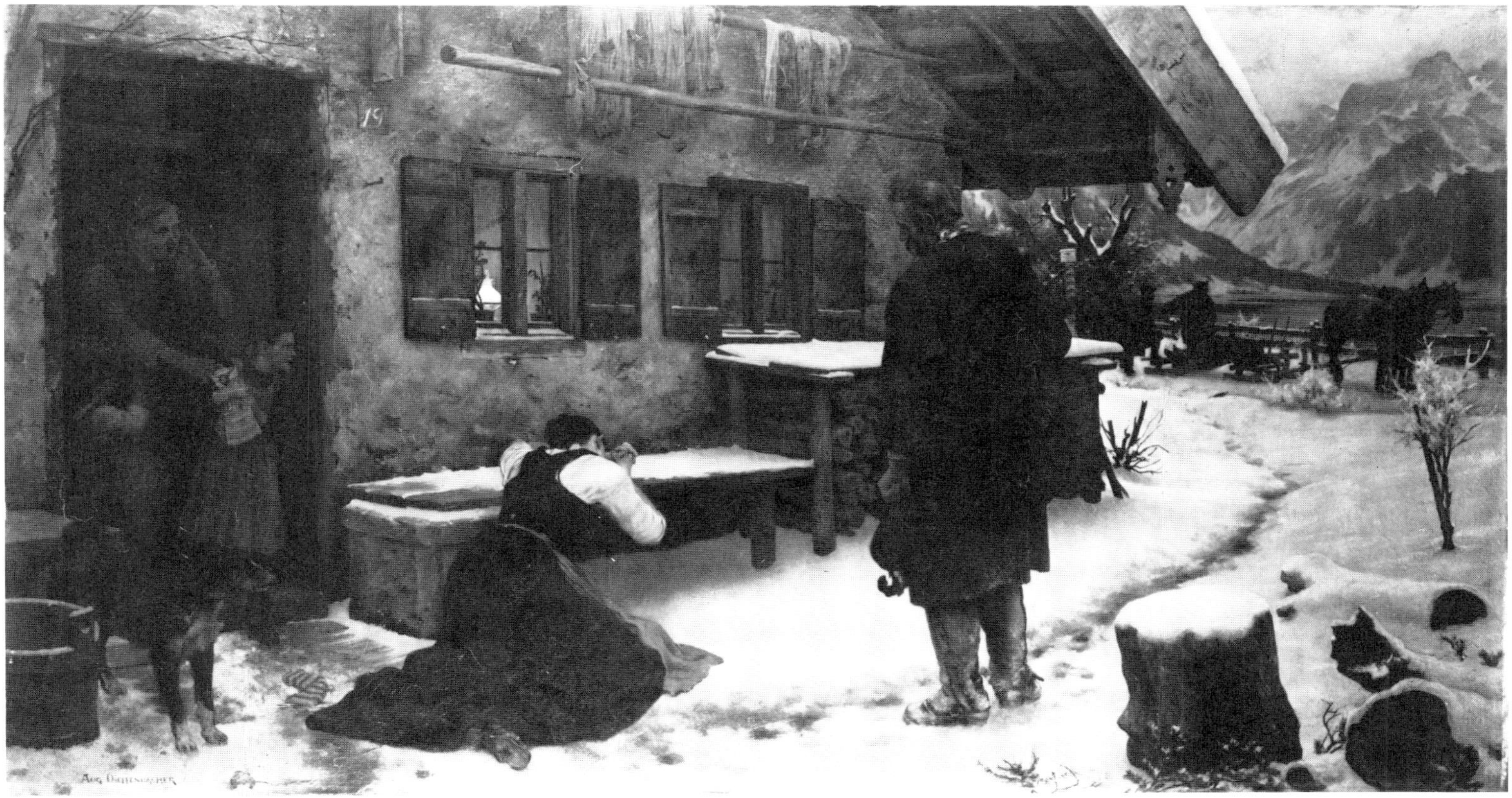

Ein schwerer Schicksalschlag. A. W. Dieffenbacher, München 1893
(Gemäldegalerie Dresden)

gewöhnlich aus; die Nachbarn merkten an dem Gebaren der geängstigten Dirn, daß auch diese in Sorge um ihren Bauern war. Man fragte hin und her: kein Mensch wußte etwas, und schon munkelte man, daß er wohl irgendwo erschossen in den Bergen oben liege. Ob man nach seinem Verbleib forschen sollte? Auf keinen Fall! Der Niggl wär imstand, die gutgemeinte Tat, wenn man ihn lebend antraf, womöglich mit einem Kugelschuß zu belohnen. Also warten! Käme er bis zum Samstag nicht, so könnte noch immer am Sonntag nach Amt und Predigt auf die Suche gegangen werden, zunächst auf die Benediktenwand, dann vielleicht hinüber auf den Schafreuter, wo Gams stehen.

Aber die Suche war überflüssig. Urplötzlich, in später Nachtstunde, war der wilde Niggl wieder auf seinem Hofe, schrecklich zugerichtet, zerfetzt und zerschunden, als wenn er abgestürzt wäre, weiß Gott von wo. Die geängstigte Dirn wollte um Hilfe laufen, aber Niggl verbot es ihr unter schrecklichen Flüchen; nur um den Doktor H. solle sie nach Tölz laufen, aber geschwind, sonst sei es zu spät. Ihm fehle etwas im Kopf, er wisse aber nicht was.

Der schnelle Lauf des Mädels durch das Dorf in Richtung Tölz machte die Wackersberger aufmerksam, von denen einige nun doch nach Steinbach gingen, um nachzusehen, was denn auf dem Nigglhof los sei.

Ein Lallen hörten die Leute noch aus dem Munde des im Bett liegenden todblassen Bauern, unverständliche Worte ohne Zusammenhang. Dann ein Ächzen aus der gewaltigen Brust, und das Leben war aus dem Körper gewichen.

Totengebete verrichtend blieben die Nachbarn im Sterbehaus, bis der Arzt angefahren kam, der einen Abszeßerguß vom Ohr aus in das Gehirn feststellte. Daß der Mann abgestürzt war, konnte an den sonstigen Verletzungen klargestellt werden.

Der herbeigerufene Gemeindevorstand ließ die Leiche in das Beinhaus bringen, unterzog das Haus einer Untersuchung, doch konnte nichts – wie allgemein erwartet – an Decken und Wildpret gefunden werden. Die Dirn wurde fortgejagt und der Hof unter Anbringung der Siegel amtlich verschlossen. Jedes Kind in der ganzen Gegend behauptete, der Niggl sei einer der verschlagensten Wilderer gewesen, aber gefunden wurde nichts, nicht einmal sein Gewehr. Wohin er das Wildpret gebracht hat, wo er sein Schießzeug und die Decken versteckt hat, er hat das Geheimnis mit ins Grab genommen. Vielleicht findet ein Jäger das Versteck einmal zufällig. Da die Nachbarreviere nach Niggls Tod weniger beunruhigt schienen, ist es wohl als Beweis aufzufassen, das der Tote ein Wilderer gewesen ist. Ob er ein Menschenleben auf dem Gewissen hatte, weiß man nicht; vermutet wurde es, weil er sich gar so finster im Leben zeigte.

Arthur Achleitner, 1896

Der Tod des Hoißenblasi

Aus Lenggries, im Isarwinkel, wird unterm 8. August geschrieben, daß an diesem Tag dortselbst der Flößer Blasius Grunwald (vulgo Hoißenblasi) begraben wurde, der ein paar Tage vorher in den Jachenauerbergen erschossen wurde. Der Hergang wird nach authentischen Mitteilungen folgendermaßen geschildert:

Der kgl. Forstgehilfe von Jachenau begab sich Donnerstag abend auf den Hochkopf im Jachenauer-, nicht zu verwechseln mit dem gleichnamigen Berg im Walchenseer-Revier, und fing an einem hiezu passenden Platz zu blatten an. Auf diesen Lockruf hin hörte er bald darauf ein Geräusch, aber statt des gehofften Rehbockes eilte ein Bursche mit schußfertiger Waffe auf ihn zu. Der Forstmann erhob sofort seine Flinte und rief dem Heranpirschenden ein „Halt! Gewehr ab!" zu. Statt dieser Aufforderung Folge zu leisten, schrie der Angerufene in den Wald hinein: „Da her!" worauf ein Knistern und Krachen der auf dem Boden liegenden Zweige den Jäger veranlaßte, umzusehen, und siehe da, eine zweite Gestalt mit schußfertigem Gewehr eilte von einer anderen Seite gegen ihn her. Nun galt es das Leben, und rasch gab der Forstgehilfe seinen Schuß in der Richtung gegen den ersten Wildfrevler ab. Als der Kamerad desselben sah, daß dieser getroffen war, entfloh er eiligst; der Verwundete selbst lief noch eine kleine Strecke, brach dann zusammen und war fast augenblicklich eine Leiche. Drei Schrote hatten ihn getroffen, eines derselben war in die Luftröhre gedrungen. Der Jäger eilte sofort zu seiner vorgesetzten Stelle, von welcher dann die gesetzlichen weiteren Schritte veranlaßt wurden.

Der also Verunglückte war ein Wilderer ersten Ranges, der nur von seiner gesetzwidrigen Beschäftigung lebte und mit den Forstleuten schon manchen Strauß bestanden hatte, wie die an seinem Körper befindlichen zahlreichen Schußnarben zeigten. – In der „Südd. Pr." wird über den Getöteten geschrieben: „Zur

Auf frischer Tat ertappt

Kennzeichnung, wie tief bei diesem Unglücklichen die Leidenschaft zur Jagd wurzelte, mag hier angeführt sein, daß ihn weder die Erinnerung an einen schrecklichen vor einem Jahrzehnt erlebten Tag, an welchem ihm bei einem Jagdunternehmen eine Wunde beigebracht und seinem Bruder, ihm zur Seite, das Leben geraubt wurde, noch der Schmerz einer erst jüngst erhaltenen Schußwunde davon abbringen konnte, die gewohnten gefährlichen Pfade zu wandeln." – Die „Leidenschaft zur Jagd!" Karl Stieler hat auch einmal ein Gedicht geschrieben:

„Ja, Toni, gibst jetzt gar koan Ruah,
(So sagn's am Landg'richt) mit dem Jagen,
Zum sechstenmal kimmst jetzt schon zua!"
Der Bua hat d'Augen niederg'schlagen.
„Mei," sagt er, „i kann nix dafür,
Dös Sach, dös is halt so in mir;
A Bix, a Gams, dös muaß ja schnallen. –
Mei Ahndl hat sie drobn derfallen
Beim Wildern auf der roten Wand.
Mei'n Vater hat's derrissen d'Hand,
Zwoa Brüader san derschossen worn,
As Martertafei steht da vorn
Am Steig! – Oft denk i mir: laß's sein,
Verwind' di – aber, mein Gott, mein –
Es liegt im Blut, es liegt am Haus,
. . . I kann nit aus!"

Und doch weiß gerade Stieler, dieser vorzügliche Kenner des Hochlandvolkes, daß diese unbezwingbare Leidenschaft ihren Grund zumeist in den paar – früher Gulden, jetzt – Markstükken hat, die für den gestohlenen Gamsbock, Hirsch etc. im Wirtshaus, im Pfarrhof, in der Stadt etc. bezahlt werden von denjenigen, die gern billiges Wildpret essen, und deren gibt es bekanntlich viele. Wenn Kirchweih vor der Tür ist und es läßt sich halt partout kein Gamsbock sehen (zu solchen Zeiten halten die Jäger verdoppelte Wacht), dann wird auch ein harmloser Geisbock oder Schafhammel übers Wandl hinunterg'schossen, um das nötige Geld für den Extratanz aufzutreiben, und da kann man doch kaum mehr von unbezwingbarer Leidenschaft reden. Einzelne wenige sind es allerdings, die nur der Jagdteufel in das Verderben treibt; aber nur einzelne wenige! Im vorbezeichneten Fall ist der Erschossene der Sohn einer bekannten Wildererfamilie. Der Schreiber dieser Zeilen hat vor zwölf Jahren in Lenggries dem Leichenbegängnis seines gleichfalls erschossenen Bruders beigewohnt. Der letztere hat damals eine Grabpredigt nachgesprochen erhalten, wie sie ein Heiliger nicht besser verdiente. Da ist es dann freilich kein Wunder, wenn der „Hoißenblasi" schließlich auch noch an Pulver und Blei glauben mußte. Hoißenblasi hatte ein Abschraubgewehr, Lancastersystem. Das kann doch nicht der nächste beste Schlosser gemacht haben!

Deutscher Jäger, 1881

Jagdgewehr, später zu einer Wildererwaffe abgeändert, zerlegbar, um 1900

Heute mir — morgen Dir. Die Isarwinkler können das Wildern niemals lassen, das beweisen die verschiedenen traurigen Fälle, welche in jener Gegend so oft vorkommen. Noch ist es nicht lange her, daß ein Jagdgehilfe im Revier Benediktbeuren auf erbärmliche Weise ums Leben gebracht wurde, und schon wieder melden die Tagesblätter, daß am 20. November der verheiratete, 30 Jahre alte Flößer Emeran Suttner von Schlegeldorf bei Lenggries, im Revier Benediktbeuren, beim Wildern erschossen wurde. Der Schuß drang von rückwärts durch Lunge und Leber, so daß der Schwerverletzte auf der Probstenalm unter der Benediktenwand andern Tages verstarb. Vom Täter fehlt bis jetzt jede Spur.

Deutscher Jäger, 1894

Schon wieder ein Wackersberger Wilderer. Fast möchten wir eine ständige Rubrik in unserem Blatt errichten für die „Wackersberger", denn jeder Gerichtstag bringt fast regelmäßig eine Verhandlung gegen einen Wilderer aus dieser Gemeinde oder dem Isarwinkel überhaupt. „Da muß ja alles wildern?" mag sich der freundliche Leser fragen, und wir möchten ihm zur Antwort geben: „Ja, beinahe!" Der Holzarbeiter Joseph Maier von Wackersberg erlegte am 3. August vorigen Jahres am Zwieselberg der Gemeindejagd Wackersberg einen Bock und zwei Rehgeißen und brachte seine reiche Beute zu dem Taglöhner Georg Kirchmaier in Krankenheil bei Tölz, welcher die Rehe bis zum anderen Abend in seiner Holzschupfe versteckte. Maier wandte sich an den wegen Diebstahls und Hehlerei nicht weniger als 26 mal schon bestraften „Dienstmann" Magnus Steinbacher in Tölz und an den Maurer Ott, ebenfalls in Tölz, mit dem Ersuchen, den Verkauf der Rehe zu besorgen, was auch beide auszuführen suchten, indem sie mehreren Personen die Rehe zum Kaufe anboten.

Als nun Maier am 5. August in der Gastwirtschaft „Zum Rößl" in Tölz wegen obiger Tat von den Gendarmen Engerer und Sporer verhaftet werden sollte, leistete er heftig Widerstand und raufte mit ihnen in der Wirtschaft herum (das auch noch, ein schöner Kumpan!). Maier legte nun ein umfassendes Geständnis ab, Kirchmaier, Steinbacher und Ott wollen von der Herkunft der Rehe nichts wissen. Das kgl. Landgericht München II. verurteilte aber die ganze saubere Gesellschaft und gab dem Maier sieben, Steinbacher vier Monate, dem Kirchmaier drei Wochen und dem Ott 14 Tage Gefängnis, um über das schöne Geschäft etwas nachdenken zu können.

Deutscher Jäger, 1894

Forstwart Meggendorfer tot aufgefunden

Forstwart L. Meggendorfer von Partenkirchen, dem als Dienstbezirk das Raintal (Partnachtal) zugeteilt war, hatte sich am Samstag, den 15. Oktober dieses Jahres, auf die hochgelegene Diensthütte „Stuiben“ begeben, um dort über den Sonntag zu verbleiben. Als er bis Dienstag nicht zurückgekehrt, wurden seitens der vorgesetzten Behörde Streiftouren veranstaltet, die trotz des inzwischen eingetretenen Schneefalles am Donnerstag den Erfolg hatten, daß man Meggendorfer tot auffand. Unterhalb des Steiges zur Stuibenhütte an einem Abhang lag die Leiche auf dem Gesicht, die Arme über den Kopf gekreuzt, mit durchschossener Brust. Bergstock und Gewehr hatte der tödlich Getroffene im Sturz verloren, und beide lagen ein Stück weiter oben; das Gewehr war noch in beiden Läufen geladen. Der Hund, ein kleiner Dackel, hatte sich neben seinem toten Herrn eingegraben und so vier kalte Nächte ausgehalten. Die gerichtsärztliche Sektion ergab als Todesursache einen aus einer Entfernung von 20 bis 30 Schritt erhaltenen Schrotschuß (mit Rehposten gemischt), der Lunge, Herz und Leber durchbohrte. Man ist geneigt, einen meuchlerischen Überfall anzunehmen, doch dürfte auch die Möglichkeit einer im Affekt begangenen Untat nicht ausgeschlossen sein.

Forstwart Meggendorfer war ein pflichttreuer, schneidiger Jäger und hier allgemein beliebt. Das bewies die allgemeine Teilnahme an der heute stattgehabten Beerdigung. Der in seinem Beruf Verunglückte hinterläßt eine tiefbetrübte Mutter und mehrere Brüder sowie eine trostlose Braut, die er in drei Wochen zum Altar führen wollte.

Am selben Tag und etwa zur selben Zeit begegnete der Bruder des Ermordeten, Forstaufseher Meggendorfer in Traunstein, beim Begange seines Reviers einem Wilderer, der beim Ansichtigwerden des Forstbeamten sofort sein Gewehr auf diesen anlegte. Der Forstaufseher, etwas flinker, kam der Absicht seines Gegners zuvor und streckte diesen mit raschem Schuß nieder, sonst wäre ihm das Gleiche wie seinem Bruder widerfahren.

Über die Zunahme der Wilderer wird den „M. N. Nachr.“ geschrieben: Gerade in dem bezeichneten Revier machen sich die über die Grenze herüberstreichenden Tiroler Wildschützen sehr bedenklich bemerkbar; überhaupt ist nach einer Ruhepause von fast sechs Jahren wieder eine Zunahme des Wildererwesens in unserer Gegend bemerkbar. Im Jahre 1887 war es gelungen, ein ganzes Nest solcher Spitzbuben auszuheben, und schien das Revier sowohl von einheimischen wie von zugereisten Wildpretdieben verschont bleiben zu sollen. Erst im heurigen Jahre fing das Übel von neuem an, wobei sich besonders die Isarwinkler und Tiroler durch ihre Gastrollen sehr unvorteilhaft bemerkbar machen.

Deutscher Jäger, 1893

D'Jaga kemma!

Beim Pflücken von Alpenrosen erschossen

Kaum ist auf dem noch frischen Grabhügel des unglücklichen Meggendorfer Gras gewachsen, haben wir wieder ein schweres, höchst brutales Verbrechen zu melden, das an einem k. Forst- und Jagdbediensteten meuchlings begangen wurde. Am 17. Juli wurde der aus Wallgau gebürtige k. Jagdgehilfe Schöttl von Benediktbeuren beim Aufstieg auf die Benediktenwand, aus nächster Nähe mit Rehposten durch den Kopf geschossen, aufgefunden. Schöttl hatte im Auftrage von Bekannten am vorigen Freitag Alpenrosen pflücken wollen und infolgedessen seine Büchse abgelegt und einen hiezu mitgenommenen Sack zur Hälfte schon mit Alpenrosen gefüllt, als die Wilderer seiner ansichtig wurden und ihn niederschossen.

Die Tat geschah mittags zwischen 11 und 1 Uhr. Da Schöttl nach dem Schuß, wie es scheint, noch lebte, verstopften die Mörder ihm den Mund mit Zeitungspapier, zogen ihn über einen Hang hinunter zu einem Bache, wo sie ihn dann „einsteinelten", d.h. mit schweren Steinen gänzlich zudeckten — eine von Wilderern sehr beliebte Art ihren Raub zu verdecken –, um dadurch vielleicht eine Entdeckung des Verbrechens unmöglich zu machen. Ferner haben die Lumpen, um die Wahrscheinlichkeit hinzustellen, Schöttl sei das Opfer eines Raubanfalles und nicht der Wilderei, den Getöteten seiner Uhr, des Ringes, Feldstechers und des Bargeldes beraubt. — Es wäre zu wünschen, daß die Täter bald entdeckt und ihnen die für Raubmörder gerechte Strafe zu Teil würde.

Die Leiche des unglücklichen Schöttl wurde am 19. Juli nach seiner Heimat Wallgau übergeführt. Nach der geschilderten Sachlage ist der Mord in ganz hinterlistiger Weise ausgeführt worden, wie es auch bei Meggendorfer der Fall war. Schöttl trat nicht mit der gespannten Waffe in der Hand seinen Gegnern gegenüber, sondern wurde, harmlos Alpenrosen pflückend, niedergeschossen wie ein Stück Wild und dann noch in der grausamsten Weise mißhandelt.

Was ist aber die natürliche Folge derartiger Anfälle? Jeder Forst- und Jagdbedienstete ist keinen Augenblick seines Lebens sicher. Man bedenke nur die Situation unseres braven Personals in den rauhen Bergen – allein, fern von aller Hilfe, muß der Beamte Tag und Nacht gefaßt sein, von einer rohen Bande angegriffen und aus dem Hinterhalt niedergeschossen zu werden. Um sein Leben zu sichern, wird jeder gezwungen sein, seinerseits ohne Rücksicht und Besinnen vorgehen zu müssen. Der pflichttreue Mann muß aber über seine Handlungsweise Rechenschaft ablegen und riskiert damit sehr viel, während der Lump verschwindet und höchstens mit seinem lockeren Gewissen abzurechnen hat! Soviel wir hören, soll ein des Mordes verdächtiger, wiederum „Wackersberger", in die hiesige Frohnfeste eingeliefert worden sein. Nach der Sachlage dürften aber mehrere Komplizen vorhanden sein.

Deutscher Jäger, 1894

Der wird noch kaltgemacht

Landgericht München II: Wie gefahrvoll der Dienst des Forstpersonals in unseren oberbayerischen, von Wilderern stark frequentierten Bergen ist, davon kann der Jagdaufseher Gerhard in Sindelsdorf ein Liedchen singen, der in einer gegen Wilderer geführten Verhandlung als Zeuge auftrat. Auf der Anklagebank saßen Anton Singer, Käsereibesitzer von Dürnhausen, Franz Harrer, Dienstknecht von Reigersbeuern, Johann Noichl, Gütler von Sindelsdorf, und Karl Schweiger, Schweizer von Sigartsbold, wegen strafbaren Eigennutzes, Bedrohung und Diebstahls.

Singer, als ein gewerbsmäßiger, verwegener Wildschütze bekannt, ist angeklagt, daß er zu Pfingsten 1881 und zu Lichtmeß 1882 in der Nähe von Dürnhausen sechs Rehe und einen Hirsch geschossen und während der letzten zwei Jahre die Jagd unberechtigt ausgeübt habe; weiter hat er im Wirtshaus zu Dürnhausen den Jagdaufseher Gerhard, der ein gefürchteter Feind der Wilderer ist, dadurch bedroht, daß er mit Bezug auf denselben rief: „Der wird noch kaltgemacht." Harrer gestand zu, im Oktober 1881 seinem Dienstherrn Schweiger bei der Jagd als Treiber gedient und demselben zwei Rehgehörne gestohlen zu haben. Noichl hat am 30. März 1882 den Gerhard und den Jagdgast, Bauernsohn Benno Huber, mit Umbringen bedroht, und Schweiger hat sich am 21. Mai 1882 desselben Vergehens dem Gerhard gegenüber dadurch schuldig gemacht, daß er demselben im Wirtshaus zu Dürnhausen zurief: „Du mußt noch hin werden wie der Jäger von Murnau. Du schießt bald keinen Bock mehr." Harrer enthüllte durch sein offenes Geständnis das ganze gefährliche Treiben seines Dienstherrn Singer, der die erlegte Beute gewöhnlich in Tölz absetzte. Singer stellt entschieden in Abrede, je gewildert zu haben, Harrer sei ihm feindlich gesinnt und sage deshalb gehässig aus. Das Urteil lautete gegen Käsereibesitzer Singer wegen unbefugter Jagdausübung zwei Jahre Gefängnis, Dienstknecht Harrer wegen desselben Reates und wegen Diebstahls drei Wochen Gefängnis, Gütler Noichl, der noch eine Strafe von einem Jahr und vier Monaten Gefängnis zu verbüßen hat, wegen Bedrohung eine Gesamtstrafe von eineinhalb Jahren Gefängnis und Gütler Schweiger wegen Bedrohung fünf Monate Gefängnis.

Deutscher Jäger, 1883

Eine Wackersberger Wildererfamilie

Es war um Mitte der dreißiger Jahre dieses Jahrhunderts, als auch in die Ortschaften des Isarwinkels die Kunde vom Tegernsee herüberkam, daß der Revierjäger von Gmund und dessen Jagdgehilfe von unbekannten Tätern erschlagen und im Wald tot aufgefunden worden waren. Begreiflicherweise erregte diese Nachricht allenthalben das größte Aufsehen, und besonders die Jägerei kam in hohe Aufregung über diesen gemeinen Mord, zumal die umfassendsten Recherchen völlig ergebnislos blieben. Das Ereignis hatte im Isarwinkel, der von jeher die meisten Wilderer birgt, die Folge, daß die in ihrem Dienst zu jeder Stunde gefährdeten Jäger sich zum persönlichen Schutz Fanghunde beigesellten, die auf den Mann dressiert waren und auf Befehl jeden rissen. Knechte und Burschen spotteten zwar über diese neuartigen „Jagdhunde" der „ängstlichen" Jäger, aber sie hüteten sich doch, mit den Fangzähnen dieser Hunde nähere Bekanntschaft zu machen. Das Unwesen der Wilddieberei selbst jedoch erlitt nach der Bluttat zu Gmund nur eine kurze Unterbrechung, solange nämlich der allgemeine Schrecken auf die Gemüter wirkte und die Gendarmerie die Gegend durchstreifte. Allmählich legte sich die Erregung, die Jagdgehilfen spürten wieder Wilddiebe, aber ein Einfangen wollte nicht gelingen.

Im Tölzer Revier war es der Revierjäger Kirchmaier, der sich sofort auf den Gmunder Mord hin einen Fanghund einstellte und, von diesem begleitet, unermüdlich seinen Bezirk durchstreifte. Hatte er doch ganz besonders unter den Versuchen der Wackersberger Schwarzgeher zu leiden, die im Wegschießen von Rehwild eine unerhörte Dreistigkeit bekundeten und selbst ein „Jagdl" am hellichten Tag nicht scheuten.

Auf dem Kellerer-Hof zu Wackersberg saß an einem mondhellen Abend um Johanni der Bauer auf der Bank vor der Tür, paffte an seinem Pfeifchen und sah in die Landschaft hinaus.

Die Ehhalten hatten sich zur Ruhe begeben; im Haus sah die Bäuerin, ob alles in Ordnung sei, dann trat sie unter die Tür, um den Bauern zu fragen, ob er nicht auch zur Ruhe gehen wolle, es wäre Schlafenszeit. Der Alte brummte ein bärbeißiges „Na!", worauf sich die an seine derbe Wortkargheit gewöhnte Bäuerin mit einem Gute-Nacht-Wunsch zurückzog.

Der schöne Abend scheint keinen Eindruck auf den Bauern zu machen; gleichmütig raucht er weiter und läßt die Augen über das Gehöft schweifen. Erst als die Turmuhr die neunte Stunde verkündet, horcht der Bauer aufmerksam hinaus, als erwarte er jemanden um diese Zeit. Bald darauf vernahm sein Ohr gedämpfte Schritte. Es pirscht sich eine Gestalt vorsichtig, im Schatten des Hauses Deckung suchend, heran. Der Bauer hat den Ankömmling erkannt, erhebt sich und tritt, gleichfalls jedes Geräusch vermeidend, in den Hausflöz, wo er auf den späten Gast wartet. So finster ist es im Gang, daß man die Hand vor dem Auge nicht sieht. Der Ankömmling tastet mit den Händen an der Wand vorwärts und gibt einen pfauchenden Laut von sich, ähnlich der Katze, die zum Schlag gegen den sie stellenden Hund ausholen will. Sofort meldet sich auch der Bauer und flüstert: „Geht was?" – „Ja!" erwiderte leise der Gast.

„Wo?"

„A Fetzenbock am vorderen Eingang ins Ainbachtal."

„Z'nachst 'm Zollhaus?"

„Ja!"

„Is da Wechsel wohl sicher?"

„Feit si nix!"

„Wart a wengl, i bin glei wieder da."

Kurz darauf erscheint der Bauer wieder, der sich die schweren Bergschuhe mit Fetzen umwunden hat und ein Gewehr unter der Joppe trägt.

„San mer's?"

„Ja!"

Lautlos huschen zwei Gestalten aus dem Gehöft. Die beiden, der Kellererbauer und sein Oberknecht Martl, umkreisen das Dorf in weitem Bogen, um jede Begegnung zu vermeiden, biegen dann nordwestlich ein, um geduckt so schnell wie möglich über die freien Felder zu kommen, bis sie unweit des Huberbauerngehöftes wieder sichernden Baumschatten erreichen, von wo sie endlich den Eingang ins Ainbachtälchen gewinnen. Dann schimmert gleich einem weißen Band aus der dunklen Waldumrahmung die Straße entgegen, die von Tölz über Zollhaus am Stallauer Weiher vorbei nach Benediktbeuren führt. Hier machte der vorangehende Knecht plötzlich Halt und winkt den Bauern heran.

„Dort unten rechts von der Straß heraufzu, siehgst 'n?" wispert der Knecht.

„Ja!"

„Auf den Bock birsch di an, es dauert nimmer z'lang, aftn geht er z' Holz und is für uns futsch!"

„Wird aber dengerst koa Jager net um d' Weg sein?"

„Zan Lachen! Bal oaner kimmt, na laßt' es halt auf eahm krach'n. Geh nur zua, i kimm glei nach, i muaß netta no mei Büchserl aus'm Versteckbaam hol'n."

Muß ein erfahrener Hallodri sein, der Kellerer, wie der sich dem Rehbock näher pirscht. Aber er muß doch der Geschichte nicht so recht trauen, da er weit sorglichere Blicke auf die Straße und deren Umsäumung wirft, als befürchte er das plötzliche Auftauchen des Revierjägers. Auf vierzig Schritte etwa wär er jetzt dem Bock nahe. Soll er krumm machen und tuschen lassen? Wenn er noch länger wartet, geht der Bock heim, und der Marsch ist vergeblich. „Sakra, Sakra, ist des a dumme Gschicht!"

Richtig geht der Bock flüchtig ab. Er muß Wind gekriegt haben. Im selben Augenblick ist der Martl mit schußfertigem Stutzen neben dem Bauern und macht ihm mit mühsam unterdrückter Stimme Vorwürfe über den unterlassenen Schuß. Und mit einem solchen Latidel (einfältigen Menschen) soll man jagern gehen. Rein zum Lachen! – Ist der Knecht doch etwas laut in seinen Zornesäußerungen geworden oder war der Bauer blind? – Die beiden werden urplötzlich aufgeschreckt.

„Halt! Gewehr nieder!"

„Höllsakra, der Jager! Bauer, nimm 'n Jager, ich schiaß auf 'n Hund!" schreit der Knecht und packt an.

Blitzschnell zieht auch der Bauer auf, der Revierjäger läßt den Fanghund los und will eben abdrücken, da kracht es beim Bauern und fast gleichzeitig gibt der Knecht Feuer. Mit einem Aufschrei sinkt der Jäger nieder, tödlich ins Herz getroffen, und unweit von ihm liegt der Hund erschossen. Wie versteinert starrt der Bauer auf den ermordeten Beamten; nun ist geschehen, was er im Innersten befürchtet hatte.

„Willst leicht beim Toten übernachten und auf 'n Gendarm warten?" höhnt der Knecht, nimmt dem Erschossenen das Dienstgewehr ab und flüchtet eiligst gegen Wackersberg. Das wirkt auf den Bauer, der nochmals sorgsam nachsieht, ob nicht etwas Verräterisches zurückgeblieben ist. Richtig, der Papierfetzen des Pfropfens. Rasch eingesteckt und quer durch das Gehölz heimwärts. Ist doch gut, daß er für alle Fälle Fetzen um die Schuhe hat. Seine Spur werden die Häscher nicht finden.

Die ganze Gegend geriet in Erregung über diese neue Bluttat. Die gerichtliche Augenscheinnahme am Tatort ergab, daß kein Handgemenge stattgefunden hat; es mußte beim Zusammentreffen sofort geschossen worden sein. Ob es ein oder mehrere Täter waren? Der arme Jäger ist mit schwerem Bleihagel und der

Fanghund mit kräftiger Schrotladung niedergeschossen worden. Nach der Zeitberechnung zwischen beiden Schüssen und der verschiedenen Schrotart unterliegt es keinem Zweifel, daß jeder Schuß aus einem anderen Gewehr kam, also zwei Täter vorhanden waren. Allein, soviel der Untersuchungsrichter auch an den Spuren herumsuchte, er fand nur eine deutlich wahrnehmbare Mannesspur, die sich aber bald in der Straße verlor.

Wo nun die Täter suchen?

Die Tölzer Gendarmen entwickelten regen Eifer und statteten allen halbwegs verdächtigen Personen ihren Besuch ab. Die Staatsstraße entlang von Tölz bis Benediktbeuren war jeder Hof besucht und überall recherchiert worden, ohne daß auch nur der leiseste Anhalt gefunden worden wäre. Auf dem Rückweg aber revidierte ein Gendarm die Gehöfte am Arzbach entlang und begann dann das Wilderernest Wackersberg selbst zu durchsuchen, was umsoweniger eine leichte Arbeit zu nennen ist, als sich gerade bei den Wackersbergern von jeher gewaltige Körperkraft mit Schlauheit paarte. Erstere ist — ebenso wie die Lenggrieser Militärhöhe der Rekruten, im Durchschnitt 1,78 m — für die ganze Gegend typisch. Als man zum siebenten Säkularfest der Gründung Münchens im Jahre 1858 den riesigen Schmiedbalthes von Kochel darstellen wollte, konnte in ganz Oberbayern allein in Wackersberg ein genügend großer Mann aufgefunden werden, der Paun Kaspar. König Max II. ließ die herrliche Gestalt dieses Wackersbergers im Jahre 1863 durch den Bildhauer Rueff in Stein meißeln und die Statue im Nationalmuseum aufstellen.

Auf der Wanderung von Hof zu Hof mußte der Gendarm wohl auch zum Kellerer-Gehöft gelangen, wo der Bauer den wenig angenehmen Besucher mit gut gespielter Gelassenheit empfing, obwohl ihm das Herz höllisch pochte.

Ob der Kellerer unter seinen Leuten Burschen hätte, denen eine Bluttat zuzutrauen wäre, fragt so leichthin der Gendarm. Der Bauer verneint rundweg; seine Leute seien gewiß keine Heiligen, aber ein Mord wäre niemandem zuzutrauen.

„Ihr habt aber doch einen Knecht Namens Martl, der wegen Wilderns bereits gerichtsbekannt ist?“ meint der Gendarm.

„So! Möglich, die Herren vom Gericht wissen ja alleweil mehra wie unsereins.“

„Ihr werdet doch von heimlichen Ausflügen dieses Martl über kurz oder lang etwas gemerkt haben, nicht?“

„Hab mich nie drum kümmert!“

„War der Knecht an jenem Abend, wo der Revierjäger in der Nähe vom Zollhaus erschossen wurde, im Hofe?“

„Ja!“

Hat der Gendarm einen besonderen Verdacht? Er will mit dem Martl selber reden. Das kann der Bauer nicht verwehren, aber mitten in der Feldarbeit kann er den Knecht doch nicht vom Acker wegholen. Wenn der Herr Gendarm einstweilen einen anderen Hof besuchen würde?

„Nein, nein, der Knecht soll nur herbeigeholt werden, oder ich geh selber zu ihm hinaus aufs Feld!“ Das letztere ist nun gar nicht nach des Bauern Sinn, darum geht er selber, den Knecht zu holen.

Mit fliegender Hast hat der Bauer seinem Knecht die bevorstehende Vernehmung durch den Gendarm angekündigt und gleichzeitig seine eigene Aussage wiederholt. Also nichts eingestehen, nichts verraten, am Abend der Tat war alles um zehn Uhr zu Bett!

„Feit si nix!“

„Hier wär der Martl!“ meint der Bauer, als sie beide in die Stube treten, indes der Gendarm sich vom Sitz erhebt und sich dem

Knecht so gegenüberstellt, daß das durch das Fenster einfallende Licht das Gesicht Martls beleuchtet.

Nun beginnt abermals das Fragen nach dem Verbleib in der Verbrechensnacht, aber der Knecht zuckt mit keiner Wimper; er sagt gleichlautend aus wie der Bauer, daß er zu Hause war und gegen zehn Uhr schlafen ging. Ob das jemand außer dem Bauern noch bestätigen könne?

„Nein?"

„Warum nicht?"

„Weil alles schon schlafen gangen war!"

„Warum ist er mit dem Bauern allein vor dem Hause auf der Bank noch sitzen blieben?"

„Weil's z' fruah war zum Bettgehen!"

„Wann geht ihr sonst ins Bett?"

„Uma neuni!"

„Und warum an jenem Abend erst später?"

„Weil's Vollmond war!"

„So, so, seit wann gibt denn ein Bauernknecht gar so viel auf'n Mondschein und Naturbeobachtung?"

Jetzt glaubte der Bauer, sich einmischen zu sollen mit der Bemerkung, daß der Abend so viel lind gewesen wär und das Sitzen auf der Bank nach Feierabend wär doch nichts Besonderes.

„Was habt ihr denn so Wichtiges auszudiskrieren gehabt an jenen Abend?"

Martl warf einen blitzschnellen Blick auf den unruhig werdenden Bauern und brummte etwas von nimmer wissen, es wird nichts Bsonderes gwesen sein.

Ob der Bauer auch nicht mehr wisse, was an jenem Abend geredet worden wär? Vielleicht eine Verabredung wegen einer Jagd auf Rehe?

Kaum kann der Bauer seine Bewegung unterdrücken. Martl meint, daß ein Bauer wohl kaum mit einem Knecht gemeinsam wildern werde.

„So, so! Kann jeder auch allein gehen, und im Revier wär's doch möglich, daß beide sich dann treffen. Warum nimmt denn der Martl so grobe Schrot zum Jagern?"

„I? I nimm gar koa!" versichert stotternd der nun auch erregt werdende Knecht.

„Mit Erbsen wirst wohl nicht schießen, was?"

„Na!"

In fein klingenden Tönen schlägt die große alte Uhr in der Ecke, deren Gewichte in einem Holzgehäuse hängen, die vierte Stunde.

Der Gendarm wendet sich nach der Uhr und betrachtet die Bemalung des Gehäuses aufmerksam. „Eine alte Uhr wohl, schönes Schlagwerk. Wohl ein Erbstück, Kellerer?"

Der Bauer bringt als Antwort nur einen unverständlichen Laut hervor.

„Wo ist dem Knecht sein Kammerl?" fragt dann der wißbegierige Gendarm weiter und fordert beide auf, ihn auf die Kammer zu führen.

Auch diese sorgfältige Durchsuchung ergibt nichts Belastendes, kein Gewehr, auch kein Pulvervorrat oder Schießzeug ist zu finden. Der Gendarm muß sich selber sagen, daß er die Verhaftung beider nicht verantworten kann. Wilderer sind sie unzweifelhaft; aber wenn er den Bauer und den Knecht ob solchen Verdachtes allein verhaften will, dann kann er aus jedem Wackersberger Gehöft ein bis zwei Mann herausholen und nach Tölz eskortieren.

Mit kurzem Gruß entfernt er sich, um seine Recherchen in anderen Gehöften fortzusetzen.

Kaum ist er fort, da setzt sich der Bauer schleunigst auf die

Ofenbank, die Beine schlottern ihm. Noch eine Viertelstunde länger, und er hätte sich sicher selber verraten.

Mit pfauchendem Atem höhnt ihn Martl. „Vergiß do net, dummer Teufi, daß du selm den Jager derschossen hast, i war's net, i hon bloß 'n Hund oans auffibrennt. Du kimmst unter'n Galgen, drum halt's Maul, Latidl, und für die ganze Gschicht mit dem verpatzten Rehbock zahlst mir hiazt an Kronentaler, verstehst mi?"

Unwillkürlich greift der Kellerer trotz seiner sonstigen Filzigkeit nach dem Lederbeutel und nimmt den Taler heraus. „Da hast, aber verrat nix'n und geh wieder aussi auf's Feld, d' Leut wurden sonst z' neugieri!"

„I verrat nix, aber selm wirst di schon no auf's Landgricht bringa!"

Den Taler einsteckend, ging Martl pfeifend hinaus zur Feldarbeit. Die Geschichte ist ja besser ausgegangen, als er selber geglaubt hat, und wenn die Sach auch schiefgeht, ihm kann nicht viel passieren, wegen dem Hund-Erschießen wird man nicht köpft, und sonst hat er sich bei dieser Geschichte nichts zuschulden kommen lassen. Den Bauer aber kann er, wenn Geldnot eintritt, prächtig schröpfen. Wart, Kerl, du zahlst dir gnua!

Auf dem Feld draußen fragten die Ehhalten wohl neugierig, was denn passiert sei; aber Martl fertigt die Dirnen und Burschen grob ab, der Gendarm hätt halt auch auf'm Kellererhof gfragt, ob wir net wissen, was der Landrichter gern wissen möcht.

Monatelang wurden die Recherchen nach allen Richtungen gepflogen, aber alle Mühe, den Täter zu entdecken, blieb vergeblich. Allmählich legte sich die Aufregung wieder, der Vorfall geriet in Vergessenheit, und auch der Kellerer gewann wieder völlig seine Ruhe und Gelassenheit, ja er konnte sogar, wenn zufällig im Wirtshaus die Fälle von Gmund und Zollhaus von den

Bauern doch doch gestreift wurden, kaltblütig behaupten, nach seiner Meinung täte das Landgericht viel besser auf der anderen Isarseite nach den „Schützen" suchen, denn zwischen Gaisach und Fleck wären noch immer die größeren Liebhaber von Wildpret gewesen. Das war Musik für die Ohren der Wackersberger, und nach Kräften polterten sie über die Lenggrieser und Jachenauer, froh, den Verdacht auf die Nachbarn abwälzen zu können.

So vergingen die Jahre. Auf dem Kellerer-Hof wuchs des Bauern einziger Bub Maxl heran, ein richtiger Wackersberger, der fest zugriff bei der groben Bauernarbeit, aber ebenso gern in Wald und Flur streunen ging und den nahen Bergen so oft als möglich Besuche abstattete. Nicht wegen der schönen Aussicht, sondern um „Wild zu schauen", wozu der Martl den frischen Burschen mit einer sonst an dem verschlossenen Menschen nicht wahrnehmbaren Hingebung förmlich abrichtete. Das Verhältnis zwischen Bauer und Knecht blieb erträglich, da Martl an den Geldbeutel des Kellerer nur mäßige Anforderungen stellte. Den gemeinsam erlebten „Vorfall" im Gehölz am Zollhaus erwähnte keiner mehr.

Wie die Zeit vergeht. Der Kellerer-Maxl wird demnächst „Moar" (Oberknecht) auf dem väterlichen Gut; der Alte ist grau im Haar geworden und auch der Martl hat Silberfäden, als wenn er Dachsfett aufs Haar gebracht hätte. Zwölf Jahre sind ins Land gezogen, aber unentwegt sind die Alten immer dabei, wenn es in Abwesenheit der Jägerei just tunlich ist, ein Stück Hochwild oder ein Reh wegzuputzen. Der junge Kellerer hätte nicht der Sohn vom Alten sein müssen, wenn er nicht bald „gespannt" hätte, was der Alte und der Martl in stillen Nächten auswärts treiben, und weil beide nicht ableugnen konnten, daß sie geheimnisvolle Ausflüge unternehmen, so ward Maxl eben eingeweiht und von derselben Stunde an Teilnehmer an den frechen „Jagdzügen". Man wilderte zu dritt: die Alten als Schützen und der Junge als Treiber, und dann wieder abwechselnd einer der Alten als Zudrücker, damit auch der Maxl das Wildschießen praktisch erlerne.

So war wieder einmal ein lauer Frühsommertag gekommen, und Martl war abgängig vom Hof, was indes nicht besonders auffiel, da seinen Dienst ja meist der junge Maxl ausübte. Martl ist der Benediktenwand zugestiegen im wiedererwachten Wildhunger; vorsichtig erst den Arzbach entlang in dunkler Nacht und im ersten Tagesgrauen durch Lärchenwald und Felsgewirr aufwärts gegen die Probstenalm zu, deren Hütte er aber sorglich ausweicht, seit eine Sennerin aufgezogen ist, die, wie ein Gerücht sagt, so „ehrvergessen" sein soll, mit einem Jager ein Verhältnis zu unterhalten. Da heißt es besonders gut aufpassen, denn eine Sennerin mit einem Jager im Kopf sieht jedem Wildpratschützen auf Füße und Finger.

Bis zum Rand des Almbodens aber auf der Benediktbeurer Seite muß Martl doch hinaufsteigen, weil dort immer gern Rehe ziehen. Wenn er eins niederknallt, muß er freilich verflucht flink „abschieben" mit der Beute, wenn er von der Malefizsennerin nicht entdeckt werden will. Hoffentlich ist die Almerin bei der Melkarbeit im Kaser, so kann sie nicht rasch genug über den Almboden kommen, um Nachschau zu halten.

Martl liegt in guter Deckung und äugt scharf auf die kleine Blöße; richtig zieht ein Reh vom Holz. Martl untersucht nicht lang, ob er Bock oder Geiß vor sich hat, er macht sich schußfertig, und noch eine bessere Breitstellung abwartend, läßt er den Schrotschuß aus dem Lauf. Das Reh überschlägt sich im Feuer, ein kurzes Schlegeln, und bis der Schuß in den Wänden verhallt, hat Martl das erbeutete Stück Wild an den Läufen schon aufgeflaxelt, die Läufe durch die bloßgelegten Sehnen gesteckt und

Jäger und Sennerin. Philipp Foltz, Bleistift

das Reh übergeworfen, um es in wenig gefährlicherer Gegend bis zur Nacht zu verstecken.

Eben will er marschaus machen, da hört er eine weibliche Stimme die Schußrichtung angeben, und gleich darauf kracht es im Gestrüpp. Alle Teufel, ein Jäger hat die Verfolgung aufgenommen.

Martl wirft das Reh weg und sucht im Fliehen seine Vorderlader zu laden, aber es gelingt nicht. Er deckt sich hinter einem Lärchenstamm, schüttet mit bebender Hand Pulver in den Lauf, gschwind einen Propfen hinein, Schrot, was nur in der Eile hineinzubringen ist, ein Filzfetzerl darauf. Himmelsakra! Da ist der Teufelsjager schon heran; blitzschnell ziehen beide auf – der Jäger ist flinker und läßt fliegen. Wohl schnappt auch Martls Hahn ein, aber ohne zu zünden; zusammenbrechend erkennt er zu spät, daß er das Kapselaufstecken vergessen hat. Warm sickert das Blut aus der Wunde. Diesmal ist es anders gekommen – nun geht's ans Ende. Der Jagdgehilfe tritt, neuerdings schußfertig, an den im Blut liegenden Wilderer heran und erkennt den Wackersberger Martl.

Rasch legt er dem Schwerverletzten einen Notverband mit seinem eigenen Sacktuch an, um die Blutung etwas zu stillen, und bedeutet dem Martl, rasch zu sagen, wenn er noch etwas auf dem Herzen hätte, es müßt bald aus sein mit ihm.

„Hol 'n Geistlichen!" stöhnt der Martl.

„Bis der kimmt, bist hin! Sag's mir, was d' no' beichten willst!"

„Na, liaber alloa verrecken!"

„Wie d' willst, i hol 'n Pfarrer, bleib liegen, wo d' bist!"

Einige Stunden später kniet der Priester neben dem Ohnmächtigen und bemüht sich, ihn ins Leben zurückzurufen durch Einreibung der Schläfe und Einflößung eines belebenden Saftes. Ein leises Stöhnen; die Lippen bewegen sich, Martl öffnet die Augen. „Gott – sei – Dank – i – will – beich – ten –." Der Kaplan winkt dem Jäger wegzutreten, legt sein Ohr an den Mund des Sterbenden und nimmt ihm die letzte Beichte ab.

„Darf ich Anzeige machen?" fragt der Priester.

Martl flüstert: „Ja!" und läßt das Haupt zurückfallen, das Leben ist entflohen.

„Absolvo te!" spricht der Priester und betet an der Leiche.

Von den Prallwänden streicht der Bergwind herab; der Wald rauscht ächzend, düstere Wolken umziehen das Firmament.

Die Leiche Martls ist von Holzknechten nach Wackersberg gebracht worden, da sich der alte Kellerer entschieden weigerte, einen Toten im Hause zu behalten. Zeigten sich die Ehhalten scheu und wisperten sie untereinander über das tragische Ende des Oberknechtes, so vermochte der Alte kaum eine gewisse Befriedigung zu unterdrücken. Ihm ist der längst unbequem gewordene Mitwisser nun vom Hals genommen; der Tote kann nicht mehr reden, und Geld kann er ihm auch nicht mehr abfordern, der Gewinn ist also doppelt. Schöner hätt die Geschichte nicht ausgehen können, denkt sich der Bauer.

„Ob der Kellerer nicht eine Totenkerze hinüberschicken möchte ins Beinhaus für den Martl?" fragte die alte Bäuerin.

„Koa Spur net, der schlaft so aa!"

„Na, a Totenkirzen hätt er schon verdeant; er war doch zeitlebens auf'm Hof und sunst a treuer Deanstbot!"

„Da Teufi soll 'n holen!" brummt der Bauer.

„Wenn er nur di net aa amal holt!"

Der Kellerer schlägt eine höhnende Lache auf, verstummt aber augenblicklich, denn im selben Augenblick treten Gendarmen in die Stube, und der Brigadier von Tölz schreitet auf den totenblaß gewordenen Bauern zu und sagt: „Im Namen des Gesetzes, Kellerer, du bist verhaftet!"

Am Marterl.
Michael Sachs

„Jess', Maria und Josef!" schreit die Bäuerin und sinkt in die Knie.

Ehe noch die durch die Ankunft der Gendarmen erschreckten Ehhalten herbeieilen können, ist der Bauer schon gekettelt. Der Brigadier öffnet den Holzkasten der Uhr in der Ecke, ein Griff: richtig, da ist ja das Gewehr des ermordeten Kirchmaier, genau wie der Martl es angegeben. Dann stülpt der Gendarmenführer dem Gefangenen einen Hut auf, den nächstbesten, den er gerade an der Ofenstange erwischt, und kommandiert: „Vorwärts marsch, auf's Landgericht!"

Kellerer wurde zu mehrjähriger Zuchthausstrafe verurteilt. Gram und Schande nagten am Herzen der alten Bäuerin, die bald nach dem Urteilsspruch starb. Bis der Vater heimkehrt, ist der junge Kellerer nun Herr auf dem Hof; jetzt kann er schalten und walten, wie er will. Durch den Gang der Ereignisse eingeschüchtert, raten die Nachbarn, Maxl solle das Wildern nun, für die nächste Zeit wenigstens, bleibenlassen. Aber Maxl lacht die Warner aus: so dumm wie der Martl ist er nicht, und wenn er je einen Jager niederpufft, tut er es allein, ohne Zeugen. Der Alt hätt es auch besser ohne den Martl getan! Und der Martl wär ein Schuft gewesen bis in seine letzte Stund!

War es Zufall oder des jungen Kellerers beispiellose Verwegenheit, er wilderte frech und unverdrossen, ohne daß die Jägerei seiner habhaft werden konnte, jahrelang, bis eines Tages der alte Bauer, müde und herabgekommen, wieder auf den Hof zurückkehrte. Erst blickten ihn die Nachbarn wohl etwas scheu an, das Wort „Zuchthaus" wirkt immer im Menschen, aber war es denn ein gemeines Verbrechen, das der Kellerer begangen hat? Hat er einen Mitmenschen aus der Gegend um's Leben gebracht? O nein, es war ja „bloß" ein – Jager.

Frische Luft, freie Bewegung und die heimische kräftige Kost

halfen dem alten Bauern bald wieder auf die Beine; es stieg der Lebensmut wieder, die Bauern wurden wieder vertrauter, und bald war die „zwidere" Geschichte vergessen. Lange untätig auf dem Hof zu sitzen, ist indes nicht Sache des zähen Kellerer; ihn juckt der Jagdteufel wieder wie früher, und nach einer geheimen Aussprache zwischen Vater und Sohn gehen nun beide wildern.

Und wie der Krug so lange zum Brunnen geht, bis er bricht, so erging es zunächst dem jungen Maxl. Der Alte hatte sich eine

Fußverletzung zugezogen, bei einer eiligen Flucht vor einem Jagdgehilfen, und mußte unfreiwilligen Hausarrest halten. Daher ging Maxl allein ins Grüne und pirschte, als wenn der gesamte Wildstand sein Eigentum wäre.

In einer stürmischen Nacht kam Maxl in großer Aufregung heim und weckte schleunigst den Vater, damit ihm dieser den Arm verbinde. Was geschehen wär? O mei', nicht viel, der verdammte Jager war flinker, und seine Kugel hat des Maxls Arm erwischt. Ob der Jäger kaputt ist?

Maxl wär gar nicht zum Schießen gekommen.

„Sakra, ein Glück,daß das Kügerl nichts anderes erwischt hat."

„Was Glück!" wettert der Junge. „Wenn der rechte Arm vielleicht steif bleibt! Nachher ist's mit der Jagerei gar!"

„Sell wär freilich z'wider", meint der Alte.

„A Unglück waars, a großmächtigs; Jessas, schiaßn bal i nimma kunnt, no' sollen s' mi nur glei einspinna!"

Der Alte verband nach besten Kräften die Armwunde, holte selber noch eine Flasche Enzian aus dem Keller, weil der gebrannte Bitterschnaps nach dem Bauernglauben so viel gut wär für's Wundfieber.

Am Morgen schickte der Kellerer nach Tölz um den Bader, der dann auch kam, die Wunde schön verpappte und den ganzen Arm in Spreißelschienen legend mit Leinwandstreifen fest fatschte. Diesen Verband soll der Maxl nun dran lassen, der Arm würde von selber wieder gut.

Wochenlang harrt Martl geduldig auf die Besserung; aber statt besser wurde es schlechter, ein stechender Schmerz stellte sich ein, ein schreckliches Gefühl, als würde alles brandig. Der besorgte Alte hätte nicht übel Lust, an die Wirkung einer am Ende von dem „lumpeten" Jager „vermeinten" Kugel zu glauben und zur Belebung der Vermeinung eine Zauberfrau kommen zu lassen – aber davon will Maxl nichts wissen. Wenn's nicht besser wird, will er doch nach Tölz fahren und von einem gstudierten Dokter den bösen Arm anschauen lassen, denn steif darf der Arm nicht werden, koste es, was der wöll.

Richtig fahren die beiden Kellerer in das Städtchen und erleben beim Arzt etwas, was sie nicht geahnt: eine höllische Strafpredigt über ihre grenzenlose Dummheit und einen Anblick des schrecklich zugerichteten Armes, daß es ihnen schier (übel) wird. Wenn's halbwegs möglich ist, will der Gstudierte den Arm am Körper lassen; macht der Brand aber Fortschritte, dann muß der Arm weg.

„Dös wenn wahr wird, aftn wird der Malefizjager a tote Leich!" schwört der Alte.

Zitternd vor Angst, den Arm verlieren zu müssen, zeterte Maxl, der Vater soll das besser bleiben lassen, sonst spaziert er wieder . . .

„Ins Zuchthaus! moanst, sag's nur raus, adrahter Lump, der koan Respekt net hat vor'm eignen Vater. Meintwegn werst a Krüppel, Bauer werst ja dengerst net auf mei'm Hof; i woaß scho, was i tua, dös Gehatz hon i hiazt dick — verkafa tua i — wo anderscht geit's aa a Wild und Jager, die net glei auf an Christenmenschen pulvern."

Staunend hat der Arzt diesem gegenseitigen Gefühlsausbruch gelauscht, dem er aber nun ein rasches Ende macht, indem er dem Jungen Verhaltensmaßregeln gibt und dem Alten bedeutet, daß die Behandlung einen Silbergulden koste.

„Soll der Bua nur selm zahlen!" knurrte der Alte, bequemte sich aber dann doch zur Berappung.

Hat es der Doktor ausgeschwätzt oder der Alte selber verlautbart, daß der Kellerer verkaufen möchte? Angebote waren im Handumdrehen da und gar nicht schlechte, Bargeld bis auf die

Hypotheken, wenn alles bleibt, wie 's liegt und steht. Solche Raiterei auf dem großen Tisch gefiel dem Alten, die Kronentaler schön aufgeschichtet, haufenweise. Es kam zur Verbriefung beim Notar, und der Hof war verkauft. Bloß alles Gewand, die Leibwäsche, die Betten, etliches Kochgeschirr und sonstiger Hausrat blieben den abziehenden Kellerern, und freier Transport dieses Eigentums in den neuen Bestimmungsort war ausbedungen.

Wohin die „Sach" gefahren werden soll? Der Alte will nach der kleinen Ortschaft Bichl bei Benediktbeuren; ein netter Ort, still und beschaulich, nahe am Gebirg – der Alte zwinkerte mit den Augen, und der Junge nickte verständnisvoll. Freilich nützt die Nähe der (damals noch wildreichen) Benediktenwand dem Maxl nicht viel, seit der Arm wirklich steif geworden ist.

Ein Häuschen, für die beiden Kellerer und die gedungene Wirtschafterin genügend Raum bietend, war bald erworben, und nun „privatisierten" beide, die viele tatenlose Zeit durch weite Spaziergänge weidlich ausnützend, immer hübsch im Wald und an den Hängen herumsteigend, wobei der Alte sich noch in erstaunlicher Weise kräftig und agil zeigt.

Da Bichl von Wackersberg nicht allzu weit entfernt ist, ist die Jägerei dieses Ortes bestens über den Ruf der beiden informiert, daher haben die Jagdgehilfen immer ein scharfes Auge auf die „renommierten" Wilderer. Das spürten die Kellerer aber auch gar bald und richteten sich danach; der Maxl machte den Auspekulierer und Treiber, der zähe Alte den Schützen. Sollte aber je ein Jagdgehilfe dazwischen fahren, so kann das Landgericht dem Steifarmigen gar nichts anhaben, weil dieser kein Gewehr trägt und nicht selber jagert. Und den Alten muß man zuerst haben, ehe man ihn auf's Gericht einliefern kann.

Den Jungen, der übrigens längst heiratsfähig ist, traf man auch wiederholt im Walde liegend an. Wenn nun der ihn aufgehende Jagdgehilfe unschwer erraten kann, daß das Herumlungern bloß aufs Wechselbestätigen hinauszielt, verhaften kann er den Waldstreuner deshalb doch nicht. Durch die genauen Berichte des Sohnes war der Alte nie im Zweifel über einen begangenen Wechsel und die Zeit des ausziehenden Wildes, und so konnte er fröhlich weiterwildern, zur Verzweiflung des Forstamtes in Benediktbeuren, dem ein Stück Wild nach dem anderen weggestohlen wurde, bis der Forstmeister endlich „giftig" wurde und Anordnungen traf, denen zu Folge jeder Gehilfe, mit Proviant versehen, so lange in dem ihm zugeteilten Revier bleiben sollte, bis der alte Kellerer lebendig oder tot eingefangen war.

Dem auch das Dorfwirtshaus frequentierenden Maxl war es bald aufgefallen, daß seit einigen Tagen kein Jagdgehilfe mehr am Biertisch zu sehen ist, und, mißtrauisch geworden, benachrichtigte er von dieser Wahrnehmung den Vater. Allein der alte Kellerer will sich von dem beabsichtigten Pirschgang in die Lainbachklause nicht abhalten lassen; Wetter und Wind sind zu günstig. Der Maxl soll zu Hause und auf der Grädbank bleiben, von welcher er ganz genau wahrnehmen kann, wer auf die Schläge auszieht. Wenn besondere Gefahr drohe, könne Maxl auf kürzestem Wege bergein laufen und durch dreimaligen Käuzchenruf den Alten warnen.

Der Junge paßt wie verabredet, aber die Schläge bleiben unbegangen; die Reviere scheinen ausgestorben, weiß der Teufel, wohin die Jagdgehilfen alle verschwunden sind. Die Geschichte ist nicht recht geheuer, aber so viel Maxl auch sinniert, er findet keine genügende Erklärung.

Zeitlich früh ist der Vater fort, und jetzt geht es dem Abend zu; der Alte müßte eigentlich schon längst wieder daheim sein. Aber es ist leicht möglich, daß er sich versteckt halten muß, daß ihm das Wild vergrämt wurde. Aber ebenso gut kann er angeschossen irgendwo in seinem Blute liegen; recht viel Sanftmut werden die Jagdgehilfen dem Mörder des Revierjägers Kirchmaier gegenüber kaum bekunden, wenn sie ihn auf frischer Tat ertappen. Schießen die Wilderer, so kann man auch den Jagdgehilfen das Dampfeln nicht verargen. „Sakra, am End ist doch was passiert!" Die Sonne will scheiden; es ist doch vielleicht besser, wenn der Maxl nachschauen geht. Ist auch der Arm steif, so sind die Beine um so flinker. Maxl gewinnt die Höhe rasch und biegt in die Lainbachklause ein. Sorgsam nach allen Seiten lauschend läßt er das verabredete Signal ertönen – keine Antwort; er wiederholt die Käuzchenrufe, wieder nichts. Höllteufel! Der Vater muß irgendwo angebleit liegen. Aber wo?

Soviel das Dämmerlicht gestattet, sucht Maxl das Unterholz ab, kraxelt zwischen den Felsblöcken herum, steigt auf die Böschung und lugt zum Bachbett hinunter. „Sakra, da unten liegt was!" Mit ein paar Sprüngen den kiesigen Hang hinab ist Maxl unten. Teufel, der Vater – wimmernd, aber kein wahrnehmbarer Blutverlust! Was ist geschehen?

Der Alte stöhnt, angeschossen wär er; im Genick tut es weh, und rühren könnt er sich nimmer.

„Net mögli!" Maxl reißt mit der brauchbaren linken Hand dem Vater das Leibl auf; nichts zu sehen, er dreht mühsam den bewegungslosen Alten auf den Rücken. Richtig, am Genick ein schwarzgewordener Blutstropfen, sonst keine Verletzung.

Wenn der Alte vor völligem Einbruch der Nacht noch heimgebracht werden soll, heißt es eilen. Maxl sucht mit der einen Hand den Vater aufzurichten, aber der Alte sinkt immer wieder zusammen. Weiß der Teufel, was da geschehen ist! Allein bringt Maxl den angeschossenen Alten nicht hinauf, so viel ist klar.

„Vater, bleib liegen, wo d' bist, i hol Hilf!"

„Ja, aber schleun di, mi friert!"

Wie der Wind eilt Maxl durch den Wald hinab nach Bichl. Wenn er Hilfe begehrt, wird die Wilderei freilich offenkundig; aber er kann doch den Vater nicht draußen liegen lassen.

Ein paar Nachbarn bringt er endlich zusammen, die mit einer Tragbahre den Vater heimholen, und in später Stunde liegt der Alte endlich in seinem Bett.

Das Erwachen brachte Klarheit; der Alte ist auch zum Krüppel geworden, ein Schrot aus des Jägers Dienstgewehr hat des Alten Genick, die Wirbelsäule, getroffen, in Folge dessen der alte Kellerer gelähmt ist an Händen und Füßen.

Arthur Achleitner, in Deutscher Jäger, 1895

Begegnung mit einem Tiroler Wildschützen

Als die Dämmerung eintrat, streckte ich die müden Glieder behaglich im Wirtshaus zu Scharnitz bei einem Glas Wein. Die Stube war trotz des Bauernfeiertages, wo die Leute sonst ein Seidel zu trinken pflegten, leer. Ein paar Burschen, die später eintraten, nahmen ein Gläschen Schnaps, drückten sich aber nach einigen Minuten, fast als ob sie fürchteten, gesehen zu werden, zur Türe hinaus. Der Wirt, der Muße genug hatte, erzählte mir, daß er seit den Jahren, wo die Traubenkrankheit den Wein um das Doppelte verteuert habe, kaum mehr den zehnten Teil ausschenke. Die Ursache sei nicht etwa der höhere Preis, denn der Besuch der Gasthäuser habe sich außer allem Verhältnis damit verringert; auch nicht, daß jetzt der echte Tiroler selten zu erhalten sei, sondern meist durch allerlei künstliche Mischungen verpanscht werde: der Ungar, den man überall ausschenke, munde sogar den meisten besser, denn die Bauern hielten jenes Getränk für das beste, das sie tüchtig herumreiße. Die meiste Schuld an der Verödung trügen die schweren Zeiten, wo der Erwerb sehr geschmälert und die Ausgaben gewachsen seien; weil kein Mensch an den andern denke, so sei es auch mit der rechten Lustigkeit vorbei. Nur mit Sehnsucht könne er sich an die Feiertage erinnern, wo Wildschützen, Senner und Schwärzer ihren Mädchen den Wein maßweise aufsetzen ließen und mit dem silbernen Schlagring auf den Tisch hauend die blanken Taler und Zwanziger tanzen machten. Mit dem Schmuggel ist es aus, das Wildern trägt auch nicht viel, und die Bauern gehen den Sennern schärfer auf die Naht. „Ja, ja", setzte er noch bei, „alle Herrlichkeit der Welt nimmt ab", und gähnte in einer Weise, als wollte er damit sagen, ich sollte als einziger Gast das Stümpchen Licht auf dem Tisch nicht ganz herunterbrennen, sondern schlafen gehen. Ich befolgte den weisen Rat.

Der Morgen schien grau und trüb ins Fenster, kaum waren durch den Nebel die Umrisse des nahen Kirchturmes zu erkennen, und ich überlegte schon, ob es nicht besser wäre, das Bett wieder aufzusuchen, anstatt den Weg zu verfehlen, oder wenn die Wolken sich auflösten, tropfnaß vom Joch umkehren zu müssen. Da klopfte der Wirt an die Tür, und auf meine Frage, wie das Wetter sich wende, entgegnete er: Ich würde nach viertelstündigem Steigen den schönsten Himmel zu Häupten haben, und bis acht Uhr sei auch im Tal die letzte Nebelflocke zerronnen. Lichte Stellen im Zenit bestätigten seine Worte. So ward denn ohne Zögerung eine tüchtige Ladung Kaffee mit Butter und Honig eingenommen und aufgebrochen.

Aus dem Isartal führte mir der Ostwind Kohlendampf entgegen. Um so wohlgemuter schritt ich vorwärts, einerseits weil nun schönes Wetter gewiß war, andererseits um den brenzlichen Geruch der Meiler bald im Rücken zu haben. Das Tal verengte sich schluchtartig, steile Felsenabstürze, kaum einen Büschel Heidekraut oder etlichen verkümmerten Föhren Anhalt gewährend, rückten an das Bett des Flusses, der tief unter mir zur Rechten zornigen Gischt emporschleuderte. Noch ein paar Mähder, aus deren sattem Grün sich die schlanken Trauben rötlicher und weißlicher Orchideen erhoben, und mein Pfad verlief in den Wald, während der Fahrweg Zickzack in die Tiefe und auf der anderen Seite empor ins Gleirschtal führte. Der Nebel zerfloß gelind, es wurde die Riesensäule der Frauhitt sichtbar und darunter die langen Schneebänder, die gleich Wasserstürzen in einem kleinen Bergkessel enden. Hinter mir klapperten schwere Schuhe auf den Steinen; ich schaute neugierig um, aus dem Gebüsch trat ein Jäger. Wir maßen uns einen Augenblick schweigend, und er mochte wohl denken: Was tut der Städter da in meinem Revier.

Ein Mann mittlerer Größe, doch die Schultern breit, das

Ein Wildschütz
aus dem Unterinnthale.

Tiroler Wildschütz.

Wildererszene, bestehend aus 5 Figuren. Thaurer Arbeit in der Art des jüngeren Johann Giner. Auf ein Brett montiert und mit Leimfarben gefaßt. Mitte 19. Jahrhundert. Breite 45 cm, Figurenhöhe ca. 14 cm.

schwarze Haar mit Weiß gemischt, unter den buschigen Brauen ein scharfes, stechendes Auge, der zerzauste Schnauzbart fast von derselben Farbe wie die braunen Wangen, an der Hand, die den Stutzen unweit der Mündung umspannte, stramme Sehnen wie Eichenwurzeln an einen Felsblock, nirgends ein Übermaß an Fleisch. Die Tracht kennzeichnete den Schützen.

Ich freute mich des Zusammentreffens, denn ich wußte, wer vor mir stand. — „Nun, Hans", redete ich ihn an, „wohin?" — Um den Mund spielte ein Lächeln fast wie von vergnüglicher Eitelkeit: „Kennt Ihr mich auch? Hab' Euch nie gesehen." — „Man hat mir oft von Euch erzählt!" — „Ja, ja! die Leute reden allerlei, manches wahr und noch mehr erlogen. Wohin geht denn eigentlich Ihr?" — „Über Tiefenkasten und Lavatsch nach Hall." — „Und wißt Ihr den Weg so genau, daß Ihr Euch ohne Führer herwagt?" — „Nehmt Ihr einen Führer mit?" — „Da ist was anderes", schmunzelte er; „aber ihr Stadtherrn, da möchte man immer mit einer Kraxe hintennach laufen und euch aufklauben, wenn ihr müde seid, was bald geschieht." — „Nun", erwiderte ich, „hier ist kein Weg im ganzen Gebirg von Scharnitz bis Kufstein, den ich nicht mehrmals und stets allein abgestiegen wär und vielleicht so gut kenne wie Ihr." — „Aber was tut Ihr denn eigentlich? Sind ja nirgends Wirtshäuser, und die Sennerkost taugt für herrische Mägen nicht." — „Ich suche die seltenen Pflanzen und Steine, die in Schluchten und hoch auf den Spitzen vorkommen; doch laßt uns jetzt weitergehen."

Er trat an meine Seite; aus seinen Fragen, die er gleichsam vorsichtig tastend dem Gespräch einstreute, konnte ich schließen, daß er die Angabe von meinen Bergfahrten nicht so ganz als bare Münze aufnahm. Dies bemerkend, machte ich unbefangen Schilderungen entlegener und unbesuchter Partien. „Ei der Teufel!" tief er. „Wer sollte meinen, daß einer in langen Hosen da überall umgestiegen wäre! Ob aber ich dort gewesen bin? Ist am Gewänd kein Fleck, der einen Fuß tragen kann, wo ich nicht gestanden bin. Dafür bin ich auch in einem Felsenloch geboren, seht Ihr!"

Wir traten an den Abgrund vor. Ich blickte hinab und konnte senkrecht vier bis fünf Klafter unter mir den Eingang einer Höhle sehen. Der Schütz, mein Erstaunen bemerkend, fuhr fort: „Das war im Jahre 1805, als die Franzosen einbrachen; meine Mutter wußte sich nicht zu helfen und flüchtete hierher. Auf einer Leiter, die dann hinabgezogen wurde, mußte sie niedersteigen, und als der Vater ausgegangen war, Lebensmittel zu holen, kam ich auf die Welt. Schon mit vierzehn Jahren ging ich nach Bayern wildern, und solang mich meine Knochen tragen, will ich herumkrefeln; gar viel Zeit hät's ohnedem nicht mehr."

Ich wußte, daß er eigentümliche Abenteuer erlebt und einmal zu Wolfratshausen lang in Haft gesessen war. Eine leise Andeutung genügte, und er fing zu erzählen an. „Einmal, im Spätherbst, gingen mein Bruder und ich auf Gemsen, die um die Zeit am feistesten sind und den dichtesten Bart aufhaben. Noch hatte es nicht angeschneit, sondern nur einige Körner über den Grat geworfen. Ihr seht, es hätte für uns nicht besser sein können. Wir waren glücklich nach Bayern geschlichen, und dort trennten wir uns, um die Aufmerksamkeit der Jäger abzulenken, wenn die Schüsse in verschiedener Richtung fielen. Eine Alm, von der die Hirten schon abgezogen waren — sie liegt bereits auf österreichischem Grund und Boden und sollte daher von rechtswegen vor Verfolgung sicher sein, wenn die Bayern je auf Recht hielten —, diese Alm hatten wir für den nächsten Abend zur Zusammenkunft bestimmt.

Ich hatte Glück und traf noch vor Sonnenuntergang, einen gewichtigen Bock auf dem Rücken, ein. Da wir schon früher

Türkenmehl versteckt hatten und Holz vor der Hütte lag, so holte ich Wasser, um uns einen Brei zu kochen. Die Anstalten waren eben fertig, als mein Bruder Jagg hereinkam. Er warf seine Gemse auf den Boden, zündete das Pfeiflein an und erzählte wohlgemut, wie es ihm ergangen und daß er außer Schußweite bayerische Jäger gesehen, die ihn eine Strecke verfolgt hätten, doch habe er ihnen auf einem gefährlichen Seitenweg bald den Vorsprung abgewonnen. Das Feuer flackerte lustig, und das Mus fing schon an zu brodeln, so daß ich es zum Kühlen abstellen wollte, da krachte es durchs Fenster, mein Bruder fiel mit einem lauten Schrei von der Bank und im selben Augenblick brachen durch die aufgerissene Tür sechs bayerische Förster.

Die Hundekerle! Weniger trauten sich nicht an uns, und hätte ich nur meinen Stutzen erwischt, der hinter der Tür lehnte, so würde ich ihnen schon gezündet haben. So hieb ich den ersten mit dem Schlagring, daß er die Füße in die Höhe reckte, aber fast gleichzeitig erhielt ich mit einem Stutzen einen Stoß. Der Schloßstein riß mir eine Schramme, die Ihr noch hier über den Brauen seht. Ich wurde überwältigt und so fest gebunden, daß mir die Hände erstarrten. Noch einmal schaute ich auf meinen Bruder, der im Blut röchelte; ich konnte für ihn nichts mehr tun, nur die Muspfanne schob ich mit dem Fuß an seine Seite, damit er, wenn er etwa noch erwachte, doch etwas zu essen fände, und als sie mich fortschleppten, habe ich noch ein Vaterunser für sein Seelenheil gebetet.

Die Jäger führten mich nach Wolfratshausen. Das war ein Einzug, als käm ein großer Potentat, und wär's um mich allein gewesen, hätte ich wohl lachen mögen, wenn ich die stolzen und aufgeblasenen Gesichter dieser elenden sechs Kerle, die mich aufgegriffen, ansah. So aber dachte ich an meinen armen Bruder und – doch lassen wir's gut sein."

Der Schütz schwieg. Nach einer Weile fragte ich: „Habt Ihr denn nicht heimgezahlt, als Ihr loskamt?" – Sein Auge blitzte unheimlich, um den starren Mund zuckte ein eigentümlicher Zug, aber er sprach kein Wort weiter. – Wir waren den Gleirschwänden gegenüber, eine himmelhohe Felsenmauer, durch deren Mitte längshin sehr deutlich die Gesteinsgrenze zwischen dem bräunlichen Dolomit und dem weißen oberen Alpenkalk verläuft. – „Was meint Ihr", fragte er plötzlich, „kommen in diesen Kofeln keine edlen Erze vor? Ich habe mancherlei seltsames Gestein gesehen, und da müßte doch Gold oder Silber drin stecken. Hier und da habe ich eine Gemse geschossen, deren Zähne ganz vergoldet waren; vielleicht hat sie aus den Brunnen getrunken, wo es wie Salz aufgelöst war."

Wie oft haben Senner und Schützen, wenn sie mich zufällig mit Steinklopfen beschäftigt fanden, diese Frage getan, und wie wenig hatte es gefruchtet, wenn ich ihnen das Wie und Warum auseinandersetzte.

Nun fragte ich den Jäger meinerseits, wie es denn jetzt mit dem Wildstand sei? Es käme mir vor, als wären Gemsen und Steingeflügel häufiger als früher. – „Findet Ihr das? Nun das freut mich", rief er heiter. „Der Fürst hat mich nicht umsonst angestellt. Wär mir nicht lieb, wenn auch nur eine Feder oder Klaue gestohlen würde." Die Worte klangen seltsam aus dem Munde eines Mannes, der seinerzeit als der berüchtigste Raubschütze galt, allein seit der Anstellung als Jäger setzte der seinen Stolz darein, das Gehege rein zu halten, und es möchte kaum zu raten sein, dort in unredlicher Absicht herumzustreifen. So ist der Versuch, überall Wilderer als Jäger anzustellen, keineswegs zur Bestätigung des Spruches „der Bock als Gärtner" ausgefallen.

Adolf Pichler, 1904

Was machst' jetzt ohne Büchserl?

So charakteristisch der Landstrich zwischen dem Brandenberger- und dem Achental ist, so charakteristisch sind auch die Bewohner desselben, ein grundehrliches Volk, die Burschen und Männer stämmig, der Typus der Gebirgsmenschen an der bayerisch-tirolerischen Grenze. Sie sind gutmütig, solange der Jagdteufel im Menschen nicht wachgerufen ist, der zu den schärfsten Konflikten im eigenen Volke gerade im Gemeindebezirk Brandenberg führt und geführt hat, insofern nämlich die dortigen Bauern die Jagdherren und ihre Knechte die sie bestehlenden Wilderer sind.

Der in der Gemeinde Brandenberg beheimatete Keuschlersohn Michel Furth fing mit etwa sechsundzwanzig Jahren an, sich zu einem Original auszuwachsen. Bis zu dem Zeitpunkt war der junge Michel, das Kind blutarmer Leute, aufgewachsen in der verwitterten Hütte in der Talmulde. Im Hochland ist die Auswahl des Berufes, zumal bei einem armen Keuschlerbuben, nicht besonders schwer; zum Holzer war der Michel einstweilen noch zu schwach, also wurde er zuerst Halter (Hirte). Ein benachbarter Bauer brauchte einen „Goaßer" (Geißhirt) für den Sommer, und für den Winter würde sich schon eine andere Beschäftigung finden.

Nun war der Michel der Meinung, nach dem abendlichen Heimtrieb der Geißen beginne für ihn die Lungerzeit, eine Meinung, welche die Bäuerin durchaus nicht teilte, denn der Goaßer mußte „Kindsen", das heißt die Kinder seines Bauern warten. Den Gift (Ärger) des Michel kann man sich vorstellen, wenn man weiß, daß er seine eigenen Geschwister nicht kindsen wollte. Eine Zeitlang fügte er sich ins Unvermeidliche, bis ihm eines Tages oben bei den Felswänden der Gedanke kam, das unerträgliche Joch durch eine energische Tat abzuschütteln. Der gute Michel guckte den Ziegen das Grasfressen ab in der Meinung, durch den Grasgenuß auch so springen zu lernen wie die Ziegen, auf daß ihn sein Bauer nicht mehr einfangen könne.

Michel fand darin nichts Dummes, sondern etwas ganz Gescheites, und begann sofort, als ihn der Magen juckte, mit dem Grasen. Platt auf dem Bauch liegend, knabberte er das kurzstielige Gras ab und biß tapfer drauf los, wiewohl ihm ein Stück Roggenbrot lieber gewesen wäre.

Den grünen Brei hinunterzuschlucken, wollte fürs erste nicht gelingen, aber der Wille zwang ihn hinunter. Abends fehlte der Michel im Bauernhof, seine Ziegen waren ohne den Hirten hinabgezogen. Wie am anderen Morgen der Grasfresser merkte, daß der Bauer mit einem großmächtigen Stecken auf die Weide zustieg, verzog er sich schleunigst aufwärts und stieg in die Felsen. Der Bauer lockte seinen Goaßer „zärtlich", aber Michel wittere Schläge und verkroch sich unauffindbar in Felsenlabyrinth.

So an die vierzehn Tage lebte der Flüchtling in einer Höhle und nährte sich vom Alpengras, bis der Magen das Grünzeug nicht mehr annahm und dem Michel so grausam schlecht wurde, daß er auf allen vieren zu Tale zog. Der erboste Bauer trischakte seinen Goaßer gehörig durch, und auch die Bäuerin versalzte ihm mit dem Schlappschuh das Grasfressen gründlich.

So mußte der Bursch wieder kindsen und Geißen hüten, bis der Gendarm ihn zum Militär holte. Etwas Angenehmeres hätte man ihm gar nicht erweisen können, als den kaiserlichen Rock anziehen und in den Krieg ziehen zu müssen. Die Menageknödel taten das übrige, der Furth-Michel ward ein tapferer Soldat, der bei Custozza am 24. Juni 1866 ganz mörderlich auf die Italiener einhieb. Seine Kameraden bekamen großen Respekt vor ihm, und weil der Michel überall dabei war, wo die Kugeln am lustigsten piffen, und immer unversehrt blieb, so verbreitete sich die Meinung, er hätte sich „g'froren" (schußsicher) gemacht.

Just am Tage der heißen Schlacht bei Custozza glaubte dies der Michel selber; da kam noch ein Küglein geflogen und durchbohrte dem Michel den rechten Puls. Verwundert beguckte er sich diese unerwartete Bescherung. Mit dem G'frorensein war's also nichts – aber mit dem Sterben auch nicht. Flugs pappte er sich ein Kugelpflaster auf die Wunde und zog mit seiner Kompanie weiter, als wenn nichts passiert wäre. Einen andern hätte dieser Schuß durch den Puls umgebracht, der Michel aber war in vierzehn Tagen wieder gesund und munter. Der Ausspruch seines Hauptmannes, daß der Michel ein Mensch von Stahl sei, sollte sich für sein weiteres Leben bewahrheiten.

Der Krieg war aus, die Militärzeit um, der Mensch von Stahl wieder in seiner Bergheimat. Der Goaßer von früher ist nun Holzer geworden. Für Holzknechte des Hochlandes gibt es nichts Besseres als einen Körper von Stahl und ein Büchserl von Eisen. Ein Gamserl wegputzen oder den Brandenbergern gar einen starken Hirsch niederknallen, das sind beliebte Sonntagsvergnügungen der Holzer, wobei es aber höllisch aufpassen heißt, denn die Brandenberger Schützen verstehen keinen Spaß.

Im Winter war es, um Stephani rum, wo die Kälte am ärgsten beißt. Oben im Schlag schichtet Michel das Scheitholz zurecht, das nach den Feiertagen zu Tal gebracht werden soll. Mitten in der emsigsten Arbeit steht urplötzlich ein starker Zehnerhirsch vor dem Holzer. Was machen jetzt ohne Büchserl? Der Michel hat bloß seinen Taschenfeitel (Klappmesser) im Sack. Gleichwohl nimmt er den Kampf auf und springt mit katzenartiger Schnelligkeit dem Hirsch ans Gehörn. Mit den Fäusten von Stahl hängt der wahnwitzige Mensch am Geweih des flüchtig gehenden Hirsches. Die tolle Flucht geht durch Unterholz talwärts einer Felswand zu und über diese hinab in die eiskalte Ache, in der ein gräßlicher Kampf sich entwickelt. Bald ist der Hirsch unten, bald der tolle Holzknecht, der es nur seiner Kraft und Gewandtheit verdankt, daß der Hirsch ihn mit dem Gehörn nicht spießt. Endlich gelingt es dem Michel, das Messer aus der Tasche zu bringen und mit aller Kraft stößt er die Klinge dem Hirsch bis ans Heft ins Genick. Aber nur ärger wird der Kampf. Man erlegt keinen Hirsch mit einem Taschenfeitel. Der stark schweißende Zehner geht im Bachbett neuerdings flüchtig. Michel, den linken Arm um den Hals des Hochwilds gepreßt, stößt nun blindwütig zu, bis der Hirsch endlich fällt.

Eingefangener Wilderer. Müller-Linke

Über diese unwaidmännische Metzgertat ging ein Schrei der Entrüstung durch das Tal, als sie bekannt wurde. In einer Holzsölden (Holzhütte) fanden die entrüsteten Jagdberechtigten den Hirschmetzger und klopften ihm das Fell gründlich durch, worauf die Gendarmen den Michel aufs Gericht schleppten. Die Holzknechte aber erblickten in dem Kampf mit dem Hirsch eine Heldentat.

Daß dieser Kraftmensch wahrhaftig einen Körper von Stahl haben mußte, bewiesen noch andere Ereignisse in seinem tatenreichen Leben. Einmal fiel er von einem Lärchenbaum in einen Holzzaun, wobei ihm mehrere Rippen eingestoßen und der ganze Kerl förmlich aufgespießt wurde. Der Kreisarzt erklärte den Burschen für rettungslos verloren, aber nach vierzehn Tagen nahm Michel seine Holzknechtarbeit wieder gesund und munter auf. Als er bald darauf bei einer Rauferei von rückwärts einen Stich in die Lunge erhielt, schleppte er sich zur Hebamme des Ortes und ließ sich auf die klaffende Wunde, durch welche nach seiner Versicherung die Luft ausströmte, ein Heftpflaster kleben. Nach abermals zwei Wochen war der Stahlmensch wieder arbeitsfähig.

Heute, an die sechzig Jahre alt, gilt Michel noch immer als der stärkste Mann in dem genannten wildromantischen Bergwalddistrikt, ein „Bärenmensch", dessen Kraft sprichwörtlich geworden ist und von dem man sagt, der Sensenmann werde in Michels letzter Stunde keine leichte Arbeit haben, falls er ihn im Bett erwischt. Daß aber der Michel einmal abstürzen könnte im Bergrevier, das glaubt kein Mensch. Das dereinstige Grasessen hat ihm halt doch die Leichtfüßigkeit der Gemse verliehen.

Arthur Achleitner, 1892

Weihnachtsgeschenk für die Zillertaler Jäger

Im schönen Zillertal können die Förster und Jäger mit den Wilderern trotz aller Anstrengung nicht fertig werden. Während des verflossenen Herbstes gelang es den Wilderern wieder eine große Anzahl von Gemsen wegzuschießen, und in ihrer Freude darüber beschlossen sie den Jägern einen ordentlichen Schabernack zu spielen. Am Morgen des Christtages fand man auf der Brücke unweit Dornauberg einen Tannenbaum, der mit Lichtern geschmückt und mit einem dutzend Gamskrickeln behängt war. Dabei lagen Zettel, die aufführten, welchem Förster oder Jäger die einzelnen Krickel zugedacht waren. Die Jäger werden sich wohl für dieses Geschenk zu revanchieren wissen.

Deutscher Jäger, 1903

Christel

Zum erstenmal hatte ich meine neue Jagd am „Stadelberg" durchstreift und mich dabei in der hügeligen Waldgegend gründlich vergangen. Schon brach die frühe Dämmerung des Septemberabends herein, und noch immer irrte ich durch eine wildverwachsene Schlucht, die kein Ende nehmen wollte. Da endlich sah ich zwischen den Bäumen ein fernes Licht und erreichte nach mühsamem Klettern eine hochgelegene Blöße, auf der ein einsamer Hof stand.

Der freundliche Schein, der mein Wegweiser geworden war, kam aus einem kleinen Fenster zu ebener Erde. Ich bückte mich, blickte in eine dürftige Stube, in der ein ärmliches Weib gerade das Abendessen auftrug, und klopfte an die winzige Scheibe.

Da erscholl drinnen das keifende Bellen eines Hundes, und eine helle Kinderstimme rief: „Wer is drauß'?"

„Verirrt hab i mich, mach auf!"

Jetzt öffnete sich die niedere Haustür, ein zottiger kleiner Köter schoß unter wütendem Gekläff auf mich los. „Da her Birschi, sei stad!" tönte die Stimme dazwischen. Ein Knabe huschte aus dem dunklen Flur, ergriff das Hündchen am Hals und fragte: „Verirrt ham S' Ihna? Wo wolln S' denn hin?"

„Frag do 'n Herrn, ob er net a wengl einigehn will in d' Stuben?!" unterbrach ein Mann, den ich im finsteren Hintergrund nicht unterscheiden konnte.

„Ja gern!" antwortete ich und folgte den beiden in die matt erhellte Stube, in der das Weib, ein Wickelkind auf dem Schoß, vor einer Schüssel dampfender Knödel saß.

„Gutn Abend beinand!" begrüßte ich die argwöhnisch auf mich und meine Flinte blickenden Leute. „I hab mi nämli verirrt auf meiner neuen Jagd und möcht gern nach Miesbach z'rück, zum Stoib; da wohn i in der Sommerfrischn . . ."

Diese Auskunft schien das vergrämt aussehende Paar zu beruhigen, und der Mann sagte sichtlich erleichtert: „So, in der Sommerfrischn seids bei'n Stoib, da kann Enk ja der Christl 'n Weg weisn."

„Ja gern aa no!" fiel der Junge ein. „I weiß an Fußsteig, da sind S' in a halbn Stund druntn."

„No, des is recht!" sagte ich erfreut. „Aber z'erst mußt d' essn Christl, i wart gern so lang!"

„Er hat scho gessn!" entgegnete das Weib statt seiner, während der Knabe enttäuscht, wie es mir vorkam, verstummte.

„Aber an warmen Rock mußt d' anziehn, es macht hübsch frisch draußn!" mahnte ich.

„Dös hats net nöti", widersprach hart die Frau, „der kann scho was derleidn!"

„No, bal der Herr moant, legst d' halt dein' Wolljanker an!" sagte der Bauer, mehr aus Gefälligkeit gegen mich, als besorgt um den Sohn, während Christel in die anstoßende Kammer schlüpfte.

„Wie heißt denn euer Hof?" fragte ich, dem Mann ein paar Zigarren reichend.

„I sag schön Dank Herr — bei'n Schwaiger heißt mers da herobn, aber da is scho der Bua, kemmts guat hoam."

Christel stand marschfertig hinter mir, sein kleiner Hund, eine absonderliche Mischung von Pinscher und Spitz, sprang winselnd an ihm empor und schoß freudig kläffend uns voraus ins Freie.

Es war inzwischen völlig Nacht geworden, kühl strich der Wind über die Lichtung, und die frische Herbstluft war doppelt fühlbar nach dem Aufenthalt in der dumpfen, überheizten Stube.

„Es is scho gut, daß d' dich warm anzogn hast", begann ich, „wann dei Mutter auch gmeint hat . . ."

„Es is mei Mutter net . .“, unterbrach mich Christel fast heftig, „mei Mutter is gstorbn, es is die zweit Frau vom Vatter!“

„Wie lang is denn dei Mutter scho tot?“ fragte ich teilnehmend meinen kleinen Führer, der eben mit großer Sicherheit ein schmales Sträßchen erreicht hatte, das steil abwärts durch den Wald führte.

„Scho lang!“ erwiderte er trüb, „i bin damals no ganz klein gwesn, aber i weiß no recht gut, wie s' ausgschaut hat. Und so viel brav is s' gwesn zu mir.“

Wir schwiegen ein Weilchen, dann sagte ich ablenkend: „Aber auskenna tust d' di im Wald, des muß mer der lassn!“

„Waar scho recht!“ erwiderte er stolz. „I bin ja im Holz mehra als wie z'Haus; da is's ja viel schöner, als wie dahoam, und so lusti. Wissn S', bal i net 'n Vatter helfn muß bei der Arbeit, na hock i mi eini auf an Stock und horch, ob kei Nußkratscher net schreit, und bal i na ein' hör, mach i 'n solang nach, bis er herkimmt. Und bal d' Taubn da san, die kann i aa nachmachn, daß s' moanan, i waar oane von ihna. Und a groß's Nest hab i neuli g'fundn, aber nix is mehr drin gwen, wiar i nauf klettert bin, und an Fuchsbau weiß i und an Schlag, wo alle Täg a Has kimmt, ja und d' letzt Woch da han i a paar Vögl flieagn sehn auf der Mooswiesn bei unsern Weiher – es is aber scho hübsch finster gwesn, und die ham an ganz an langa Schnabl ghabt und san daher kemma wia d' Nachteuln. O und d' Nachteuln! Im Grabn glei hinter'n Haus, da schrein s' scho so viel, bals dunkel werd, daß 's ganz aus is.“

Die Worte sprudelten nur so von seinen Lippen – er schien ordentlich froh, einmal seine kleinen Geheimnisse auskramen zu können vor jemand, der ihn nicht rauh unterbrach oder verschüchterte, und die Jagdleidenschaft, die schon hoch loderte in seiner jungen Brust, gab seinen Schilderungen Leben und Farbe.

Dabei rannte er mit solcher Schnelligkeit mir voraus den stockfinsteren, steinigen Pfad hinunter, daß ich Mühe hatte, ihm zu folgen. „Gel, es geht Ihna z' schnell“, meinte er plötzlich, als ich mehrmals strauchelte, „freili, Sie kenna ja 'n Weg net, des hätt i bald vergessn.“

Er ging langsamer und gab mir dabei allerhand wohlgemeinte Ratschläge. „Da kimmt a Wurzl, links is a großer Stoa, gebn S' fei Obacht, daß S' net falln!“ Bald aber begann er von neuem, mir seine Erlebnisse zu schildern, und fing wieder an, beinahe ebenso schnell zu laufen wie seine flinke Zunge.

„Ah, und erscht neuli, des muß i do aa verzähln, was mer da passiert is; da bin i wieder amal im Holz ghockt, ganz stad zwischen die Daxn, und hab g'horcht, ob i kein Vogl net schrein hör. Da auf amal hats g'rauscht über meiner, daß i ganz derschrockn bin, und vom Baum runter is a Stößer kommen – ah, scho so a großer, wiar i no niea kein hab gsehn. Und na hat er si am Bodn niederghockt vor an Wepsennest, hat allwei mit die Flügl gschlagn und grad gschlagn und einighackt mit die Kralln. Und d' Wepsn san drum rum wia verruckt, aber es hat eahm nix tan, gar nix. Auf amal na hat er mi gwahrt, und na is er auf und weiter eini ins Holz geflogn. Und na bin i zuawi zu die Wepsn, die san all rumkrochen am Bodn und ham nimmer fliegn könnt, und alls is voll Erd und voll Lehm gwen ringsum, und d'Wabn san all rausg'rissn gwesn aus'n Loch, und a Feder is daglegn, die wo der Stößer dabei hat verlorn, die han i na z'haus tragn, und der Vatter hat s' auf'n Hut gesteckt, den wo er allwei tragt, bal er ins Holz geht.“

Er brach plötzlich ab, als ob er zuviel geplaudert hätte, und fragte dann eifrig:

„Jatz gehts Ihna aber net mehr z' schnell – gel na? Und weit ham mer aa nimmer auf's Straßl nunter.“

„Jetz geht's scho leichter?“ antwortete ich, über seine Taktik lächelnd, und gab mir den Anschein, als hätte ich nicht den geringsten Verdacht. Es lag mir fern, ihn durch eine peinliche Frage in Verlegenheit zu bringen oder gar zur Lüge zu verleiten. Wozu auch? Sein Vater trieb es wohl auch nicht schlimmer als die andern auf den einsamen Höfen?! Hie und da ein Häschen, das sich von ungefähr in der Schlinge fängt, die Versuchung liegt ja zu nahe, und die Leute sind arm. So dachte ich mildgestimmt; denn eben sah ich zwischen den letzten Bäumen des Waldes hindurch die Lichter Miesbachs durch den feinen Nebel winken.

„Jatz können S' nimmer fehln!" sagte Christel fast gleichzeitig. „Sehn S', da führt iatz 's Straßl schnurgrad abi zum Pechler-Weiher."

„Richtig! Und jetz dank i dir halt schön für dei' Begleitung", sagte ich in die Tasche greifend, „und da hast d' dein Führerlohn – du hast ihn wirkli redli verdient."

„Ja, des is aber do z'viel, ghört des mei'?" stammelte Christel ganz verwirrt. „Des is ja a Mark! So viel hab i no nia auf oamal ghabt in mein' Lebn."

„B'halt s' nur und kauf der was drum und schau, daß d' gut heimkommst. Hast d' denn kei Angst, den weitn Weg allei' z'rückz'machn?"

„Vor was sollt i denn Angst ham?" fragte er verwundert.

„No, na pfüt di Gott, mir treffn uns scho amal wieder, na gehn mer mitanand auf d'Jagd, magst?"

„Und ob i mag", nickte er freudig, „bal i nur net grad 'n Vatter helfn muß bei der Arbeit, und iatz pfüat Gott, kommen S' gut z' Haus!"

Er zog seinen großen breitrandigen Hut, der ihm tief in die Stirn hereinfiel, und stieg behend den Hang hinauf; ich hörte einige Zeit seine Schritte auf dem steinigen Weg, dann wurde es

still, nur noch einmal rief seine helle, zum Herzen dringende Kinderstimme lang gedehnt „Birschi, Bir - schi!“

Am andern Morgen war ich schon ziemlich früh nach dem Stadelberg aufgebrochen und hatte mehrere Stunden über vergeblich auf Hasen gejagt. Gegen Mittag beschloß ich Rast zu machen und sah mich gerade nach einem passenden Platz um, der mir Schatten und einen Ausblick ins Tal gewähren sollte. Da vernahm ich nicht weit von mir das Gurren einer wilden Taube. Das kann doch nicht sein — jetzt Ende September! dachte ich überrascht, da tönte es wieder ganz deutlich ... gru—u—ru ru ... Ah, der Christel, ging es mir durch den Kopf — ich hatte vorher in dieser Richtung Tauben aufbaumen sehen, vielleicht versuchte der Knabe sie zu locken?!

Vorsichtig schlich ich von Baum zu Baum dem Ton nach, der sich in kleinen Zwischenräumen wiederholte.

Richtig — dort unten im hohen Farnkraut saß mein kleiner Führer von gestern, sein Hündchen auf dem Schoß und ahmte täuschend ähnlich den Taubenruf nach — während er unverwandt aufwärts in die rotgoldenen Buchenkronen blickte.

Wie er so emporschaute, von den durchs Laubwerk gedämpften Lichtern der Mittagssonne umspielt, schien mir sein blasses, kluges Gesicht wie von überirdischem Schein überflogen, und noch stärker als am Abend vorher in der schlecht beleuchteten Stube, überkam mich die Empfindung, daß diesem Antlitz das Zeichen des frühen Todes aufgeprägt sei.

Wenn ich ein Maler wäre, dies Bild hielte ich fest, dachte ich und beugte mich weiter vor — da knackte ein Ast unter mir, der kleine Hund fuhr auf, knurrte und fing an zu kläffen. —

„Gut hast es los, 's Lockn, recht gut!“ lobte ich, hinter meinem Baum hervortretend, den Knaben. „Und eher ham mer uns wieder troffn, als mer allzwei denkt ham.“

„Jetzt derf i aber aa mit Ihna auf d' Jagd gehn, gel ja?“ fragte Christel erwartungsvoll.

„Ja freili, aber z'erst tun mer a bißl Mittag machn mitanand!“ antwortete ich und ließ mich neben ihm nieder.

„Bist d' gut heimgekommen gestern?“

„Ja freili, da hat si nix gfeit. Und Sie aa?“

„Ja, ich auch“, nickte ich und reichte ihm die Hälfte einer Wurst.

Er aß bedächtig, legte die Hand auf den Magen und meinte vergnügt mit dem Oberkörper nickend:

„Dös is was Feins! So was han i no niea 'gessn.“ Dann hielt er inne, sah unschlüssig bald auf den Rest seiner Wurst, bald auf sein graugelbes Hündchen, das unverwandt mit gespanntester Aufmerksamkeit allen Bewegungen seines kleinen Freundes folgte.

Plötzlich ließ Christel den Leckerbissen fallen, und während Birschi begierig und gewandt darnach schnappte, schmeichelte ihm der Knabe: „Gel Birschi, dös tat dir halt taugn — so was hat der Birschi sei Lebtag no nia kriegt!“

„Du hast ihn scho recht gern!“ meinte ich gerührt auf die beiden blickend.

„Ja, dös will i moan ... daß i' n gern hab, mein' Birschi, — gel du!“ sagte Christel zärtlich und streichelte das zottige Tierchen.

„Wo hast'n denn her?!“

„Ja, dös will i Ihna scho verzähln, dös is a so zuganga“, antwortete er, und seine hellgrauen Augen leuchteten. „Da bin i amal im Sommer durch 'n Sulzgrabn an d' Leitzach nunter gstiegn; da weiß i an Platz, wo's Schwammerl gibt, ganze Haufn. Und da hab i oan troffn aus'n Bergwerk, der wo an Birschi da auf 'n Arm hat ghabt. Aber er is no ganz klein gwesn der Birschi, grad a so.“ Er hielt beide Handflächen hart gegeneinander, um mir einen Begriff von der winzigen Gestalt zu geben, und fuhr dann fort: „Derselbig Mann hat ihn grad ins Wasser werfn wolln, er hätt an ganzen Sack voll solchene wie den da, hat er gsagt . .

Naa, net – hab i'n bitt, schenk'n do mir.

Da hat na der Mann glacht und hat gsagt: ‚Den kannst d' gnua ham, aber du mußt mer die Schwammerl dafür gebn, die wo's d' da hast in dein Körbl.' I hab s' eahm allsamt glei hingschütt' – gern aa no, und hab 'n Birschi dafür gnomma, aber der hat mi glei in d' Hand zwickt zum Dank dafür — gel ja Birschi?" wandte er sich an das kleine Scheusal, das so ernst und verständig zu uns aufsah, als wisse es genau, daß von ihm die Rede.

„Aber mir ham uns na bald vertragn mitanand — i und der Birschi", schloß der Knabe, „und iatz derf er scho lang bei mir schlafn und zwickt mi nimmer, bal i'n aa a wengl an d'Wand druck in der Nacht."

„Da seids ihr also recht gute Freund!" lächelte ich. „So, und wenns d' na fertig bist, Manderl, na schaun mer, ob mer zu zweit mehr schießn."

Christel wurde ganz rot vor Freude. „Ja? Dearf i mit?" jubelte er und schnellte von seinem Sitz auf.

„Aber dein' Birschi werdn mer net dabei brauchn könna!" meinte ich bedenklich.

„O, der Birschi tut nix, gwiß net!" versicherte er eifrig, während ein Schatten über seine Züge flog.

„No, na wolln mers halt probiern in Gotts Nam mit'n Birschi!" entschied ich. „Aber bal er mer Hasn hetzt!"

„Naa, naa, des tuat er gar nia!" beteuerte der Kleine. „Es gibt aa net gar viel bei uns herobn am Berg."

„No, aber gestern hast d' mer doch von ein' erzählt, den d'weißt — wenns d' mi drauf z' Schuß bringst, kriegst a Fufzergl!"

„Ja, oan weiß i scho . . . der wo die mehrern Täg sein' Weg

ei'halt. Mir ham aa gar net weit hin", drängte er eifrig, als ich zweifelnd zögerte, „er is glei bei unsern Häusl; da is a Tannet, a jungs, da steckt er allwei drinn, und bals dunkel weard, na kommt er auf d'Lichtn raus . . . i han'n scho oft gsehn."

Damit eilte er mir voran den Hang hinauf, als fürchte er, ich könne mich sonst noch eines andern besinnen.

„Wolln mer halt schaun, ob er da is!" antwortete ich und folgte langsam. „Und wenns d' mich auf an Bock oder auf an Fuchs bringst, na kriegst a Mark . . . aber ganz sicher mußt'n wissn."

„An Bock weiß i koan!" meinte er nachdenklich den Kopf wiegend. „Aber an Fuchs mein i, kunntn S' scho amal derwischn; an Bau weiß i, und gsehn han i'n aa scho öfters, bal i 's Vieh hab g'hüt; aber ganz gwiß is er net; bal er ganz sicher kimmt, na sag i 's Ihna."

„Sehgn S', iatz san mer scho da!" unterbrach er sich plötzlich und deutete auf eine kaum mannshohe Tannenschonung, die keilförmig gegen eine kleine Waldblöße lief.

„Bal S' Ihna vorstelln an d' Spitz, geh i mit'n Birschi durch."

Schußfertig begab ich mich an den bezeichneten Platz und pfiff dann zum Zeichen, daß der „Trieb" beginnen könne.

„Husch, husch, hui, hui, wu, wu!" kam Christels helle Stimme näher und näher. Jetzt gab der Hund Laut; der Knabe verstummte; dann klang es beinahe angstvoll: „Daher Birschi, daher – laß Birschi!" Und nach einer Weile begann es wieder doppelt eifrig: „Husch, husch, wu, wu!"

„Was hat denn dei Hunderl?" fragte ich, als mein kleiner Treiber seinen Birschi nach sich zerrend zum Vorschein kam.

Christel ward rot, sah unsicher zu Boden und stotterte: „I weiß's net, was er auf amal ghabt hat .... i glaub ..." Plötzlich aber richtete er sich auf, sah mir ins Auge und sagte fest: „An Hasn hat er gfundn in der Schling – aber i kann gwiß nix dafür!"

„So is recht, Christel, nur net lügn. Wolln mer'n halt amal holn den Hasn ..."

„Naa, net! Sonst gehts am Birschi naus!" entfuhr es dem Kleinen unwillkürlich, während er mich ängstlich am Ärmel zurückzuhalten suchte. Ich wußte genug und stand unschlüssig, schwankend zwischen Entrüstung und Mitleid.

Wußte der Knabe schon vorher, daß sein Vater die Schlinge gelegt? Nein, er vermutete es sicher erst jetzt, sonst hätte er mich kaum gerade hierher geführt; aber freilich, das versprochene Geld?! Gleichviel – wenn ich auch den Hasen an mich nahm, überführt war der Täter dadurch ja doch nicht, das Kind aber und sein Hündchen mußten es bitter entgelten.... Ich laß ihn! – Aber, das heißt ja doch den Wildfrevel geradezu fördern, tadelte der Jagdherr und Heger in mir. Da fiel mein Blick auf Christels zuckendes, totenblasses Gesicht; seine grauen Augen waren auf mich geheftet, unnatürlich groß, innig bittend, in banger Erwartung. Nein, diesen flehenden Kinderaugen konnte ich nicht widerstehen. „Christel", sagte ich ernst, „weil du ehrlich gegen mich warst, will ich diesmal nichts weiter tun, aber ..." Nein, was sollte ich dem Kind ein Versprechen gegen seinen Vater abnehmen! „... aber Christel, bleib mir immer so ehrlich wie heute!"

Er nickte stumm und drängte tapfer die aufsteigenden Tränen zurück, dann haschte er nach meiner Hand, um sie zu küssen. „Laß Christel, laß", wehrte ich, „du hast nichts zu danken, du hast dir's verdient."

Er schüttelte den blonden Kopf und sah mich aus seinen feuchten Augen so dankbar an, daß es mir weich ums Herz wurde. Dann nahm er seinen Birschi auf den Arm und drückte ihn in überwallender Freude an die Brust, bis der kleine Köter erschreckt von dieser ungewohnt stürmischen Liebkosung zu winseln begann.

Ein über den Boden weghuschender Schatten ließ mich auffahren, ein großer Raubvogel schwebte über uns und war schon daran, im Hochholz zu verschwinden, da knallte der Schuß, dem ein dumpfes, elastisches Aufschlagen drinnen im Walde folgte.

„Troffn is er, troffn!" schrie der Knabe außer sich, ließ den Hund fahren und stürmte fort. Während ich von neuem lud, kam Christel schon triumphierend mit einem Habicht herbeigelaufen und jubelte: „Der is, der wo uns allwei die junga Hehndln wegtragt!" Dabei hielt er das noch im Tode trotzigschöne Tier empor, so hoch er nur konnte, weil Birschi immer wieder nach den schlaff herabhängenden Schwingen schnappte.

„Ja, und die Größ!“ rief der Junge begeistert, betupfte den scharfen Schnabel, die spitzen Krallen, streichelte das feingegitterte graue Brustgefieder und konnte nicht oft genug die mächtigen Flügel des Vogels ausbreiten.

Ich ließ ihn lange gewähren, endlich aber sagte ich: „Ja Christel, jetzt muß i aber heim, sonst komm i wieder in d' Nacht, so wie gestern!“

„I führ Ihna scho wieder z' Haus!“ antwortete er schnell, sichtlich bestrebt, mir eine Gefälligkeit zu erweisen.

„Nein Christel, i dank dir schön, aber heut is net nötig, heut find i scho selber heim, es is noch net spät!“

Er senkte traurig den Kopf und schwieg, dann sagte er leise: „Gel iatz mögn S' mi nimmer?“

„I hab dich lieber als vorher, Christel, weil du so a braver Bub bist; i will nur net ham, daß d' wieder so spät heimkommst – aber daß d' mers glaubst, daß i dich gern hab“, sagte ich herzlich und reichte ihm die größte Schwungfeder des Habichts, „schenk i dir die da auf dein Hut, daß d' a Andenken hast an dei erste Jagd!“

Während der nächsten Tage war ich durch auswärtige Gäste in Anspruch genommen, so daß ich nicht daran denken konnte zu jagen. Erst gegen Ende der Woche benützte ich einen sonnigen Nachmittag, um wieder einmal nach dem Stadelberg zu gehen.

Ich war ziemlich lange durch den stillen herbstlichen Wald gewandert, ohne Wild anzutreffen, und brachte gerade meine Flinte in Ruhe, da stand nicht weit von mir ein Haselhuhn auf, ich wurde etwas spät fertig und fehlte.

Während ich die Richtung des Schusses festzustellen suchte, hörte ich in einiger Entfernung mehrmals Hu—ju! rufen. Der hellen wohlklingenden Stimme nach war es der Christel. Ich antwortete und sah bald den Knaben den Hang herunterlaufen, während Birschi bei jedem Satz tief einsank im braunen raschelnden Laub.

„I war bei Ihna z' Haus!“ begann Christel, tief Atem holend, „aber Sie san grad fort gwen ... i weiß iatz nämlich an Fuchs! Alle Täg han i'n gsehn, die ganz Woch her; bals S' Zeit ham, könna S'n heut no derwischn!“

„Des freut mi, Christel, daß d' noch an mich denkt hast“, lobte ich, „Zeit hab i heut scho, wolln mer halt sehn, ob er heut wieder kommt.“ –

„Aber halt! Damit i net drauf vergeß – da hast d' dein Botenlohn, und die ander Hälft, die kommt nach, wenn mer 'n Fuchs ham.“

„I sag halt gelts Gott!“ bedankte er sich mit strahlendem Gesicht. „Aber iatz lassn S' Ihna verzähln: Glei da, wo's zum Sulzgrabn abi geht, is a Sandgrubn, da hat er sein Bau in der Näh, des han i scho lang gwißt; aber die letzt Woch halt' er d' Zeit ganz gnau ei; bals dunkl weard, kimmt er allweil über an klein Weg. Mir ham'n oft gsehn, bal mer d'Küah ghüt ham, i und der Friedl vom Gschwendtner. Und a großer is' aa no und grad hoamli; gestert is er an uns vorüber auf zehn Schritt. I hab aber von z' Haus net fort könnt, vo wegn an Vieh, sonst waar i scho ehnder kemma ... Jatz müssn mer aber darüber, sonst kemma mer z'nah an sein Bau hin!“ unterbrach er sich rechts abbiegend und führte mich quer durch einen Schlag.

„Und stad müssn mehr sei'!“ sagte er fast vorwurfsvoll, als ich mich etwas gewaltsam von den zähen Brombeerranken befreite, die meinen Fuß hartnäckig festhielten.

Vom Rande des Schlages aus zog sich raumer Fichtenwald hinunter zum Sulzgraben, einer unwegsamen Schlucht, durch die sich ein Wildbach Bahn gebrochen hatte.

Christel stand still, deutete auf einen tief eingeschnittenen Pfad, der steil durch den hügeligen Waldboden hinabführte, und flüsterte: „Sehn S', da wo's die Biegung macht, bei den Daxboschn, da kimmt er über'n Weg, bald von drübn, bald von herübn, je nachdem, wi as halt grad auftrifft, aber kemma tuat er, und iatz setzn S' Ihna da nieder, da sehgn S' grad auf'n Steig nunter, und i geh a wengl auf d' Seit, mehra zum Bau zuawi, daß i über den Buckl da wegschaun kann."

„Aber dei Hundl?" fragte ich leise.

„Der Birschi macht nix, der is ganz stad, da brauchn S' koa Angst net ham", erwiderte er und stahl sich davon.

Ich prüfte den Wind – er zog vom Graben herauf, also gut für uns, knöpfte den Mantel zu und lehnte mich, von einem kniehohen Bäumchen gut gedeckt, an einen breiten Stamm.

Es war schon kühl und dämmrig hier auf der Schattenseite des Berges unter den düsteren Fichten. Ein Weilchen nestelten noch die flinken Meisen in den zottigen, schwarzgrünen Wipfeln; hie und da schrie auch noch einmal ein Häher, aber die Schatten wuchsen zusehends. – Schnell kam die Nacht, und mit ihr jenes starre Schweigen, das den ohnehin stillen Nadelwald wie gelähmt scheinen läßt durch finsteren Zauber.

Die Phantasie wird rege und schweift, das Auge sieht überall Spukgestalten auftauchen im fahlen Zwielicht. Ein dürrer Ast wird zum drohend ausgestreckten Geisterarm, ein morscher Stamm zum Gespenst. Hier glaubt man eine Bewegung zu entdecken, da eine boshafte Fratze, dort ein Tier, das uns anglotzt zwischen den im Nachtwind schwankenden Farnen. Man hört das Blut durch die Schläfe jagen und sehnt ein Geräusch, einen Ton herbei, der diesen Bann bricht.

Da, dort unten, schleicht dort nicht wirklich etwas, ein langgestreckter, geschmeidiger Körper, oder ist's nur eine rotbraune

Baumwurzel, die das spähende Auge äfft? Nein, nein! Es bewegt sich wirklich, es kommt näher, bedächtig, lautlos, er ist's!

Jetzt steht er schon auf der moosbedeckten wallartigen Böschung des Weges und äugt hinab auf den Pfad – jetzt schleicht er herunter – dumpf dröhnend bricht der Schuß – langsam verzieht sich der Rauch.

„Hat'n scho, hat'n scho!" jubelt der Christel; ich stürme hinunter zur Anschlußstelle.

„Zum Bau is er eini", schreit der Knabe erregt, „aber grad mehr krochn!"

Ich bemühte mich eine Weile vergebens, im schwindenden Licht Schußzeichen zu entdecken, und sagte endlich: „Da können mer heut nix mehr machn ohne Hund, aber morgen in der Früh komm i mit an Dackl, na wern mer'n scho kriegn."

„Aber gel – bitt schön, net vergessn auf mi!" mahnte der Christel.

„Na, na, i hol di ab, dir hab i'n ja zu verdankn, aber wo hast d' denn dei Joppn?" — Ich hatte erst jetzt bemerkt, daß der Junge in Hemdärmeln neben mir stand.

„Die han i 'n Birschi umtan, weil er g'frorn hat mit der Zeit!" erwiderte Christel schlicht.

Am andern Morgen kam ich ziemlich zeitig mit einem entliehenen Dackel vor Christels Behausung an. Hineinzugehen widerstrebte mir nach dem neulichen Hasenerlebnis, deshalb huppte ich vom Rande der Lichtung aus, um Christel meine Ankunft anzuzeigen. Als sich aber außer einem prächtigen Echo keine Antwort hören ließ, entschloß ich mich endlich, meinen kleinen Jagdfreund zu holen.

Ich hatte den Hof noch nicht erreicht, da trat aus der offenstehenden Tür das Weib des Bauern, blickte mich scheel an und sagte: „Bal S' 'n Christl suchn, da drinn liegt er, der Vatter hat 'hn grad bracht!"

„Is a Unglück passiert?" fragte ich erschrocken. – „Dös wearn S' na scho sehgn!" antwortete die Frau beinahe schadenfroh mit einem rohen Lächeln und ging in den Stall.

Ich eilte an ihr vorüber ins Haus — auch die Stubentür stand weit offen, und drinnen lag Christels leblose Gestalt auf dem Tisch.

Entsetzt trat ich näher. Haar und Gesicht, Kleider und Schuhe des Knaben waren mit Lehm und Sand beschmutzt, die Lippen blutig gebissen, die Zunge vorgestreckt.

Ich taumelte zurück und stieß an Christels kleinen Hund; er schien mich zu kennen, denn er wedelte mit dem buschigen Schwänzchen und fuhr fort, seines toten Freundes starr herabhängende, schrecklich zerschundene Hand zu lecken.

Jetzt vernahm ich einen rauhen, schluchzenden Ton hinter mir — auf der Bank vor dem Ofen saß der Bauer, das Gesicht in beide Hände vergraben und stöhnte: „Mei Bua, mei guater, mei Christel, mei oanziger!"

Ich trat auf ihn zu, legte ihm die Hand auf die Schulter und sagte tieferschüttert: „Sind S' a Mann, Schwaiger!"

„Ja freili, Sie ham leicht redn!" stieß er hervor, während er meine Hand mit einer unwilligen Bewegung abschüttelte. „Sie san an allm schuld!"

„Ja, aber Schwaiger, ich! — Wie war denn des möglich?" redete ich ihm zu; denn ich dachte nichts anders, als daß der Mann in seinem begreiflichen Schmerz vorübergehend nicht wußte, was er sprach.

„Ja Sie und neamd anders!" schrie er wild. „Sie ham eahm d' Jagerei anglernt, Sie ham eahm Geld aa no gebn und ham eahm gsagt, die ander Hälft kaam nach, bal S' erscht 'n Fuchs hättn! Die ganz Nacht über hat er von nix anderm gredet, als wia daß der Fuchs gar am End wieder aussigang aus sein Bau, bevor der guate Herr kaam mit de Hund."

Er hielt erschöpft inne und sagte dann ruhiger: „In aller Fruah na is er scho fort ins Holz, so stad, daß 's neamd von uns gwahrt hat. Wiar i aber na aufgwacht bin, und er is net da gwen und is aa nimmer z'ruck kemma, da is mer angst worn. I bin abi ins Holz, und da han i scho vo' weitn 'n Bürschi ghört; grad gheult hat er und gwinselt vor'n Bau, und da han i na scho gwißt aa, wo mei Christl steckt."

Er fuhr mit der schwieligen Hand über die Augen, und seine Stimme klang heiser, als er von neuem begann: „Grad a Trumm von sein Schuhzeug hat no rausgschaut aus der Röhr'n, der ganz Bua is drinnen glegn, und der Bau is über eahm z'sammgfalln."

Wieder schlug er die Hände vors Gesicht und murmelte: „Und i hab net amals so viel, daß er a schöne Leich krieagn kunnt, mei Bua, mei oanziger!"

„Des is mei Sach, Schwaiger, da soll si nix fehln, da drauf können S' Ihna verlassn!"

„Bal dös is, da is mer scho wirkli a Stoa von'n Herzn", seufzte er erleichtert, „i sag halt gelts Gott für eahm. Er hat Ihna ja so viel gern ghabt aa; die ganz Zeit her hat er von gar nix andern mehr g'redt, als wia von den liabn Herrn, der wo so guat zu eahm war."

Die Rührung drohte mich zu überwältigen, ich konnte den Aufenthalt in der Stube nicht mehr länger ertragen.

„I muß jetz a bißl an d'Luft, Schwaiger!" sagte ich mühsam. „I komm später scho wieder, und d'Leich is mei Sach!" Damit taumelte ich ins Freie und rannte wie betäubt, keines klaren Gedankens fähig, über die Lichtung hinab in den Wald.

Tot, und durch dich! wiederholte ich immer wieder mechanisch mit zitternden Lippen.

„Nur net gar so hitzi, Herr Jager!" klang es da plötzlich dicht vor mir. Verwirrt sah ich auf. Ohne es zu bemerken, war ich hart an ein Weib gestreift, das den Pfad heraufkam.

„Nix für unguat Herr, aber wer wird sie denn gar a so giftn vo wegn an Fuchs?"

Verständnislos starrte ich ihr ins Gesicht, während sie fortfuhr: „Er kann ja eh nix dazu, der Christel!"

„Christel, der Schwaigerchristel? – Was is 's mit dem?" schrie ich und erschrak vor meiner eigenen Stimme . . .

Bestürzt wich die Frau zurück: „Na, so tean S' nur net gar a so wild – ma möcht Enk ja fürchtn!"

„Was war mit dem Christl?" rief ich fast drohend. – „No ja, nur gmach Herr! Also gestert am Abend is er z'haus kemma, grad wiar i z'sammpackt hab, i bin nämli auf der Stöhr gwen bei 'n Schwaiger, müssn S' wissn, oamal und nia mehr! Sei Wei is a ganz a Schlechte, no und da hat'n der Vatter halt ausgfragt, was der Herr gschossn hätt. Erscht hat's der Christel net sagn wolln, aber na hat eahm der Vatter droht – er is kei guater net, bal er zorni werd, der Schwaiger –, no und na hat halt der Christel verzählt, Es hätt's an Fuchs angschossn, der wo grad no eini waar krochn in sein' Bau. I bin na fortganga, weil mi der Schwaiger hart ang'lassn hat, was i denn 's Maul aufz'reißn hätt, aber i bin no net weit gwen, da han i'n Christl schrein ghört, und der Schwaiger hat geflucht und grad eini gschlagn dabei auf sein Buam.

‚Naa – und des tuar i do net! Den guatn Herrn tuar i's net an dös!' hat der Christl allwei gschrien und dazua g'jammert.

I hab grad wieder eini wolln, i habs net mer mit anhörn könnt, mi hat der arm Bua so viel derbarmt – da hat der Schwaiger mit 'n Prügeln aufghört und geschrien: ‚So iatz will i dir was sagn! Bals d' mer den Fuchs net aus'm Bau rausholst morge in aller Fruah, bevor der Stadtherr kimmt mit die Hund, na weard der Bürschi verkauft! Der Gschwendtner hat mer erscht d' vorig Woch zwei Mark dafür botn!'

Da hat der Christel an Schrei tan, den wo i mei Lebtag net vergiß, und na is's ganz stad worn, und i bin ganga!"

Während sie noch redete, erschien mein Dackel, den ich oben vergessen hatte; hinter ihm her kam Birschi mit eingezogenem Schwanz und schmiegte sich, als ob er Schutz suche, an mich.

Arthur Schubart, 1905

Ringeilen

Heut mußt' hin sein

Eine schmähliche Wildereruntat wurde dieser Tage vom Schwurgericht in Salzburg abgehandelt. Der 23jährige Taglöhner Anton Brandstätter von St. Peter in Kärnten und der 29jährige Knecht Josef Steinbacher von Altenmarkt wilderten am 27. Sept. v. Js. in der Nähe von Radstadt. Sie hatten die Gesichter geschwärzt und Lappen vorgebunden, um unkenntlich zu sein. Im Revier des Herrn Professor Paal trafen beide, von dem Wirt Bichler aus Mandling als drittem begleitet, mit dem Jäger Franz Falb zusammen, der sie stellte. Brandstätter rief dem Jäger sofort entgegen: „Heut mußt' hin sein", und versetzte ihm mit dem Bergstock mehrere Hiebe über den Kopf. Auch Steinbacher schlug auf den Jäger ein, bis dieser stürzte. Nun kniete Brandstätter auf den Gefallenen und würgte ihn unter den Worten: „Hin mußt' sein, du zeigst uns an, und wir gingen ein!" Die Bitten des Jägers, sein Leben zu schonen, wurden so lange mit Hieben beantwortet, bis er sich nicht mehr regte; dann schleppten sie ihn in eine Grube, zwängten ihn hinein, daß Kopf und Füße mit einander in Berührung kamen, und als Falb noch stöhnte, schlug Brandstätter abermals auf ihn ein mit den Worten: „Hau zu bis ihm's Hirn herausrinnt!" Falb stellte sich tot, dann ließen die Rohlinge ab vom Zuschlagen, banden ihm die Füße zusammen, schnürten ihn an einen Baum und deckten ihn mit Erde und Zweigen zu. Als die Wilderer weg waren, hatte Falb noch so viel Kraft, sich loszumachen und bis zum Unterberger-Haus zu kriechen, wo er aufgenommen wurde. Falb lag 30 Tage schwer leidend darnieder, das rechte Auge ist so schwer verletzt, daß das Sehvermögen beschränkt und Hemmung der Beweglichkeit eingetreten ist. Beide Angeklagten leugnen die Absicht der Tötung, sie wollten ihn nur blödsinnig machen, daß er sie nicht verrate. Die Angeklagten Brandstätter und Steinbacher wurden von der Anklage des Mordversuches freigesprochen, dagegen wegen schwerer Körperverletzung, Wilddiebstahl und Übertretung der Waffenpatentvorschriften zu 3½ und 3 Jahren schweren Kerkers, durch Fasttage und Dunkelheit verschärft, ferner zur Zahlung eines Schmerzensgeldes von 1200 Kronen an Falb verurteilt.

Zu dieser Notiz in Nr. 30 des Deutschen Jägers ist noch nachzutragen, daß am Sonntag, den 12. Oktober die Wilderer Anton Brandstätter, Johann Steinberger und Johann Bichler aus Untertauern, die den Jäger J. Falb angeschossen und sodann grauenhaft mißhandelt hatten, unter außergewöhnlich starker Bedeckung in das Landgerichtsgefängnis in Salzburg eingeliefert wurden. Die Täter werden wegen Mordversuchs vor Gericht kommen. Der schwerverletzte Falb dürfte kaum mit dem Leben, und dann nur als Krüppel, davonkommen.

Deutscher Jäger, 1902

Ein verurteilter Revierförster

Am 6. Dezember 1891, vormittags, waren der Graf Lamberg-sche Revierförster Kaspar Hubner und dessen Adjunkt Joseph Scharnreiter im Bodinggraben (Bezirk Windischgarsten) während eines Wildganges mit zwei Wilderern zusammengestoßen. Der eine der Wilderer, Aschauer, widersetzte sich dem Revierförster, welcher ihn binden wollte, warf diesen zur Erde und packte ihn bei der Brust, weshalb er vom Förster mit einem Messer in den linken Arm gestochen wurde, worauf Aschauer entfloh. Der Adjunkt war einstweilen mit dem zweiten Wilderer – dem Holzknecht Fahrngruber – im Handgemenge, weshalb Förster Hubner ihm zu Hilfe kam. Der Wilderer kollerte über den Abhang hinunter, der Adjunkt Scharnreiter sprang ihm nach und band ihn. Dabei zeigte es sich, daß der Wilderer im Unterleib schwer verletzt war. Fahrngruber wurde in die nahe Jagdhütte getragen, wo ihm am nächsten Tag ärztliche Hilfe geleistet wurde. Am 10. Dezember 1891 verschied der Wilderer an dieser Wunde. Fahrngruber gab an, daß ihn der Förster Hubner mit einem Bergstock in die Bauchgegend gestochen, welche Angabe er jedoch in verschiedenen Variationen machte. Das gerichtsärztliche Urteil bezeichnete er als Todesursache die im Unterleib befindliche, den Dünndarm verletzende Wunde. Revierförster Kaspar Hubner hatte sich nun am 12. August vor dem Kreisgericht Steyr wegen Vergehens gegen den § 335 St.-G. zu verantworten und wurde zu einer zweimonatigen Arreststrafe verurteilt, wogegen sein Verteidiger die Nichtigkeitsbeschwerde erhob.

Österreichische Forstzeitung, 1892

Der Wild'rer-Lenz

Da schaugts 'n o', an Wild'rer-Lenz,
Der kennt koa Schonzeit und koa Grenz,
Der hat koan Jagdpaß oder Schei',
Der richt de G'schicht ganz anderscht ei'. –
Wo halt was is, da jagd der Tropf,
Hat woltern scharfe Aug'n im Kopf,
Drum schiaßt er a die schönsten Böck
De andern vor da Nas'n weg;
Hat scharfe Ohr'n und lange Hax'n,
Dürr is er aa, nur Haut und Flax'n,
Drum kinnan's eahm halt aa nit o',
Weil's Luada gar so laffa ko'.
Beim Hausdurchsuacha findens nix,
Denn er verramt's Wild und die Bix,
Und wenn's na furt san, ziagt er's raus –
Der lacht die ganze G'sellschaft aus.

Konrad Dreher, 1886

Aus den Sölkerbergen

Wenn je im Hochgebirg rationell betriebene Jagdausübung zum Segen gereichte, Sicherheit und Ordnung schuf und den halbverwilderten Einschichtbauern reichlichen Verdienst brachte, war dies in den Sölkerbergen zu konstatieren, und zwar seit Se. Königliche Hoheit Prinz August von Coburg senior das große Revier gepachtet und eine Reihe von zuverlässigen Jagdschutzorganen aufgestellt hatte. Allerdings kostete die Übergangszeit von niederträchtig betriebener Wilderei bis zu geordneten ruhigen Zeiten manches brave Jägerleben, und auch der treffliche Aschauer Christl mußte, von Wilderern erschossen, im Dienst sein Leben lassen.

Das Sölkerrevier, das ist das Großsölkertal, mündet bei der kleinen Ortschaft Stein ins breite Ennstal (Obersteiermark) und ist sehr schütter besiedelt, wildschön und einsam, fast ungekannt von Touristen zur Freude des richtigen Waidmannes. Das Großsölkertal gabelt beim Dörflein Großsölk in die Kleinsölk, welche das Wasser des Schwarzenseebaches vereinigt mit dem Tuchmarbach durchrauscht. Eine weitere Verästung tritt einige Stunden südwärts ein: der Tuchmargraben, in dem zu Füßen des kleinen „Knallstein" das reizende Jagdhaus des Prinzen Coburg nebst mehreren Dependenzen steht.

Ein ideales Gamsrevier, dessen Begehung alle Eigenschaften des Gamsjägers voraussetzt, dafür aber einen Genuß gewährt, den andere Reviere selten zu bieten vermögen. Wie erwähnt, ist in dieses weitreichende Alpengebiet seit Beginn der Coburgischen Zeit Ordnung gebracht worden. Die Wilderei ist heutzutage kaum mehr nennenswert. Anders war es in den 70er Jahren, und an Hand der Reminiszenzen des damaligen Bezirksrichters von Gröbming, dem Sitz der Behörden, erzähle ich die folgenden Begebenheiten, die Landgerichtsrat G. sorgsam aufgezeichnet hat.

Damals waren böhmische Kavaliere Pächter der Sölkerreviere, anscheinend bequeme Herren, die aber zur Steuerung des unverschämt betriebenen Wilddiebstahls namhafte Fanggelder für ihre Jagdgehilfen aussetzten. Das Personal war aber für die ausgedehnten, strapaziösen Reviere entschieden zu klein, die Wildpretliebhaber jedoch von einer beispiellosen Verwegenheit und von einer Klettergewandtheit, die heutzutage fast verschwunden ist.

Ein Lumpennest war die Sacherseealm in der Nähe des Schwarzensees. Es konnte nie ausgenommen werden. Die exponierte Lage und das Aufpassen der mit unter der Decke steckenden Schweigerin (Sennerin) vereitelte alle Bemühungen der Jäger. Waren die Gehilfen einmal oben, so entwischten die Burschen mit einer Tollkühnheit sondergleichen ins Felsgebiet, wohin nach menschlichem Ermessen nur noch die Gemse gelangen kann.

Zur Sacherseealm zieht eine außerordentlich steile Felsrinne, die sogenannte Tonschenrinne, in einer Länge von etwa zwei Stunden herunter, eine Felsspaltung, die ein Felsbächlein in der Tiefe einiger Klafter ausgewaschen hat. Oberhalb dieses Rinnenmundes oblagen Schwarzgeher mit Vorliebe der Gamsjagd, und hier heroben waren sie ungestört, konnten wenigstens bequem entwischen, sobald der aufgestellte Aufpasser den Anstieg eines Jägers signalisiert hatte. Durch die Rinne herauf war ein Steigen überhaupt undenkbar. Der alte Frosch, Jagdgehilfe jener Gesellschaft, hatte sich einen Plan zurechtgelegt, wonach er von rückwärts über den Speickboden zur Tonschenrinne zu gelangen suchte. Hierzu war nun freilich eine dreitägige Steigarbeit nötig mit mehrfachem Biwakieren in der Felswildnis. Die strapaziöse Arbeit gelang über Erwarten, ebenso das Anpirschen der gemütlich „riegelnden" Wilderer. Aber mit dem Fangen haperte es. Auf Anruf verschwand von den zwei Lumpen der größere durch blitzschnelles Ausbiegen in die Einstände nach rechts, wohin so flink der müde Jäger nicht folgen konnte. Frosch beschloß daher, den kleineren, der für den Augenblick unschlüssig war, anzugreifen und auf die Tonschenrinne zuzudrücken. Daß ein Lebewesen in diesen schier senkrecht niederstürzenden, vom Wasser glattgeschliffenen Felsenschacht springen wird, hielt Frosch für ausgeschlossen, er hoffte daher, daß der Bursche hart am Rinnenmund sich „geben" werde, und eilte mit schußfertiger Büchse dem Rinnenrand zu.

Das Unglaubliche geschah im nächsten Augenblick: Der Verfolgte setzte über den Schachtmund mit umgehängten Stutzen und verschwand in der Rinne.

Nun sprang Frosch vollends heran, gerade recht, um zu sehen, wie der Flüchtling in der Rinne tiefer kletterte, kollerte, durch Kniespreizen wieder selbst den Fall hemmte, kühn auf kaum handbreite Felsen sprang, dann aber an einer Stelle, welche die einzige Ausbuchtung in der Rinne aufwies, sich überstürzend liegenblieb.

Vom Fangen konnte keine Rede mehr sein, doch wollte Frosch den zweifellos unten zerschellt liegenden Burschen zu Tal bringen und dann für ein Begräbnis sorgen. Der Jäger eilte seitlich der Tonschenrinne pfadlos tiefer auf einem Terrain, das beim geringsten Fehltritt Sturzgefahr bringen mußte. Im Abwärtsspringen gelangte er an jene Ausbuchtung der Rinne und wollte nach dem Burschen sehen, beziehungsweise dessen Leiche bergen.

Frosch näherte sich der Ausbuchtung, als zu seinem größten Erstaunen der Flüchtling durch die Todesrinne entsteigen wollte. Ein gräßlicher Anblick: blutüberströmt der ganze Mensch, die Kleider in Fetzen gerissen. Kaum aber erblickte der Wilderer

Ein Opfer der Leidenschaft.
Von A. Kraus.

seinen Verfolger, da kehrte er um und rutschte auf dem glatten Felsen in die Rinne zurück.

Fassungslos starrte Frosch hinab. Das Gleiten ward immer schneller, der Flüchtling vermochte nicht genügend zu bremsen; plötzlich ein jäher Ruck — die „Lederne" mochte durch ein Hindernis gefaßt worden sein —, ein Steineln, ein Drehen — und mit dem Kopf voraus sauste nun der Körper hinab.

Zitternd vor Erregung kletterte Frosch seitlich der Rinne zur Sacherseealm hinab und bog dann wieder ein zur Ausmündung der Tonschenrinne, wo der Wilderer als Leiche lag, der Kopf derart zerschellt, als ob er mit der Axt mitten entzwei geschlagen worden wäre; eine Hälfte war noch am Rumpf, die linke Hälfte mit dem Gehirn klebte an einer der Rinnenwände. Sonst war jedoch nichts gebrochen. Die Taschenuhr tickte weiter und sogar das Schnapsfläschchen war unbeschädigt geblieben.

Mit größter Mühe wurde die Leiche zur Alm gebracht und hier aufbewahrt, bis der Bezirksrichter von Gröbming hereinkam.

Der Beamte sagt in seinen Memoiren folgendes: „Während ich tags darauf meinem Schriftführer den Lokalaugenschein diktierte, kamen zwei Bauernburschen und hoben neugierig das Leintuch von der auf einem Wagen liegenden Leiche. Dies fiel mir auf, da um diese Zeit kein Mensch mehr etwas in dieser Gegend zu suchen hatte. Ich ließ mir die Burschen durch die zwei mitgenommenen Gendarmen vorführen und verhörte dieselben. Über ihre Anwesenheit vermochten sie nichts Glaubhaftes vorzubringen, weshalb ich ihnen bedeutete, sie sollten dem Kollegen des Toten sagen, sich freiwillig dem Gericht zu stellen, auf daß der Tote agnostiziert werden könne. Kaum freigegeben, verschwanden die Kerle mit affenartiger Geschwindigkeit von der bereits verlassenen Alm.

Tags darauf wurde die Leiche nach Gröbming geschafft und vom Gerichtsarzt seziert. Das Ergebnis war eine Überraschung insofern, als der Gerichtsarzt in der Lunge des Erstürzten Hunderte von verkalkten Tuberkeln konstatierte. Der Wilddieb war also zeitlebens tuberkulös. Der Komplize erschien am nächsten Tag freiwillig vor Gericht und legte ein vollkommenes Geständnis ab.

Die Meinung, daß dieses schaurige Ende eines Büchslers abschreckend wirken würde, hegte der Richter so lange, bis ihm durch Einlieferung zweier Burschen kurze Zeit darauf das Gegenteil bewiesen wurde. Der Tatbestand ist einfach unglaublich, er steht aber in den Memoiren des alten Richters als Faktum verzeichnet.

Einer der Jäger des Schwarzensee-Reviers ging zwei Wilderer auf, von denen einer ungeniert die erbeutete Gams trug, rief sie an, und da die Wildschützen sogleich anpackten, schoß der Jäger und fehlte. In seinem Schrecken darüber vergaß er auf den Schrotlauf. Der Büchsler (ohne Gams) sprang heran, schrie hohnlachend: „Jetzt schieß ich!", setzte dem Jäger das Rohr auf die Brust und drückte ab. Den toten Jäger, dem am Einschuß der Rock verbrannt war, brachten nach einigen Tagen Holzknechte ins Dörflein Wald (Kleinsölk). Die avisierte Gröbminger Gendarmerie erwischte später den Mörder und dessen Bruder. Es waren stämmige Söhne einer armen Keuschlerin, die ihre Mutter bisher durch „Gamsverkauf" erhalten hatten und nun zur Aburteilung nach Leoben verbracht wurden.

Welche Sprünge gewagt wurden, zeigt ein anderes Stücklein. Am „Hochknall" in der Großsölk gelang es zwei Jägern, gleich vier Büchsler zu stellen und nach heftigem Kampf mit den Bergstöcken niederzubringen. Wie nun aber ein Jagdgehilfe die Gewehre aufsammelte und sein Kollege Anstalten traf zur Eskortierung, erhob sich einer der Wilderer und sprang mit einem Satz die senkrecht viele Klafter tiefe Felswand hinunter. Ein wahrhaftiger Todessprung, über den sich selbst seine waghalsigen Genossen entsetzten. Die revierkundigen Jäger meinten gleichfalls, daß der Mann nur zerschellt in der Kluft unten liegen könne. Ein Bergen der Leiche war aber zu dem Zeitpunkt undenkbar, das Einsteigen auf dem gefrorenen Felsboden so lange unmöglich, bis nicht verharschter Neuschnee den Steigeisen einigen Halt geben würde. Mit viel Mühe ward der Abstieg und der Transport bewältigt, und die drei Wilderer wurden ins Amtsgericht eingeliefert, wo sie vor dem Richter entschieden leugneten, den „Springer" gekannt zu haben.

Nach dem ersten Schneefall, der infolge eingetretener Steifkälte rasch harschig wurde, begaben sich die Jäger auf die Suche nach der Leiche des „Springers". Trotz tagelangem emsigstem Suchen wurde davon nicht die geringste Spur gefunden.

Die drei inhaftierten Burschen verrieten nichts und wurden abgestraft. Vom vierten Genossen sah und hörte man nichts, er galt als vermißt. Der wahnwitzige Sprung war aber doch gelungen. Der tollkühne Bursche konnte sich retten und trieb sein „Handwerk" weiter in den Krakauerbergen (Bezirk Murau).

Arthur Achleitner, 1914

Die Wildschützen.
Wilhelm Leibl 1882/86,
Nationalgalerie Berlin

Eine grausige Fundanzeige

Dieser Tage fand der Zechsche Jäger Gruber im hinteren Teile des wilden Jagdgebietes vom Ramertal gegen das Möhrnaker zu im Kitzkögelgraben, einer der düstersten Schluchten des obersteirischen Urgebirges, zwischen Steinen eingeklemmt einen vergilbten Zettel etwa zwei Finger hoch emporragen. Gruber legte den seltsamen Fund bloß und las die von schwerer Faust mühsam hingekratzten Worte, wonach 50 Schritte von dieser Stelle ein menschlicher Leichnam liege. Die Anzeige von diesem unheimlichen Fund habe der Zettelschreiber unterlassen, weil er davon nur „Zwidrigkeiten und Gänge" gehabt hätte. Der Jäger suchte sofort an der angegebenen Stelle nach und fand Knochen und Skelettteile eines Menschen in bereits stark verwestem Zustande. Neben verschiedenen Kleidungsresten lag ein Paar noch guterhaltener Bergschuhe, sogenannte grobgenähte „Goiserer", wie solch schweres Schuhwerk im Oberemstal von den Bergbewohnern getragen wird. In den Schuhen staken noch Zehenknochen. Die Entlegenheit der wilden, nur von Berufsjägern betretenen Gegend läßt es ausgeschlossen erscheinen, daß ein Tourist am Kitzkögel verunglückt sein könnte, dagegen ist es wahrscheinlicher, daß ein Wilderer entweder verunglückte oder angeschossen, sich in jene wilde Schlucht flüchtete und dort verblutete. Der Zettel dürfte zweifellos von einem Wildpretschützen herrühren, der bei einer etwaigen Fundanzeige selbstverständlich gefragt worden wäre, wie er in dieses unwegsame Terrain gekommen sei und der es deshalb vorgezogen hat, einen Zettel nahe dem schmalen Jägersteigel zu deponieren. Die von der Gendarmerie vorgenommenen Recherchen blieben des vielen Schnees wegen resultatlos.

Öblarn (Obersteiermark) 31. August 1892

Deutscher Jäger, 1892

Oh, diese Richter . . . !

Über das Treiben der Wilderer enthält der Bericht eines Delegierten des österreichischen Jagdschutzvereins sehr interessante Mitteilungen, denen wir das Nachfolgende entnehmen: Dem Jäger Hermann Lichtl in Aigen gelang es am 4. September, den Bauernknecht Johann Kürschner des Schlingenlegens auf Rehe zu überweisen; er erhielt 8 Tage Arrest. Derselbe Jäger ertappte am 15. November den schon öfters wegen Wilddiebstahls in Untersuchung gestandenen Grundbesitzer Johann Unterberger vulgo Stiegler in Bärndorf. Unterberger hatte bereits drei Schüsse auf seinem Pirschgang abgegeben, ohne zu treffen, als Wildschütz und Jäger zusammentrafen. Ersterer ergriff die Flucht und konnte vom Jäger nicht eingeholt werden. Die von dem Vorfall in Kenntnis gesetzte Gendarmerie kam dem Ansuchen des Jägers um Vornahme einer Hausdurchsuchung sofort Folge und hatte dieselbe ein ergiebiges Resultat: 1 Stück Sechser- und 1 Achter-Hirschgeweih neueren Datums, 16 Stück Rehgeweihe aus neuester und halbvergangener Zeit, 4 gegerbte Rehdecken, 1 frische Rehdecke, 1 Hirschlederhose, 2 Ko. Hirschunschlitt, circa 2 Ko. Gamsunschlitt, 1 Schrotflinte, 1 Tellereisen sowie ein sortiertes Lager von Munition. Trotz dieser Gegenstände und trotzdem ihn der Jäger bei dem Pirschgang auf das Bestimmteste erkannte, versuchte Unterberger sowohl bei der Hausdurchsuchung als bei nachfolgender Verhaftung und nachheriger Untersuchung zu leugnen. Doch wurde er auch ohne Geständnis verurteilt und erhielt 6 Wochen Arrest.

Interessant ist ein Fall, der sich im Jahre 1890 mit demselben Wilderer zutrug. Der Jäger Rieser ertappte den Unterberger auf einem Pirschgang auf Rehe. Rieser forderte von Unterberger das Gewehr; er lieferte dasselbe auch gutwillig ab, bat aber den Jäger, er möge doch von einer Anzeige absehen, da er – als Wilderer schon bestraft – eine größere Strafe zu gewärtigen habe

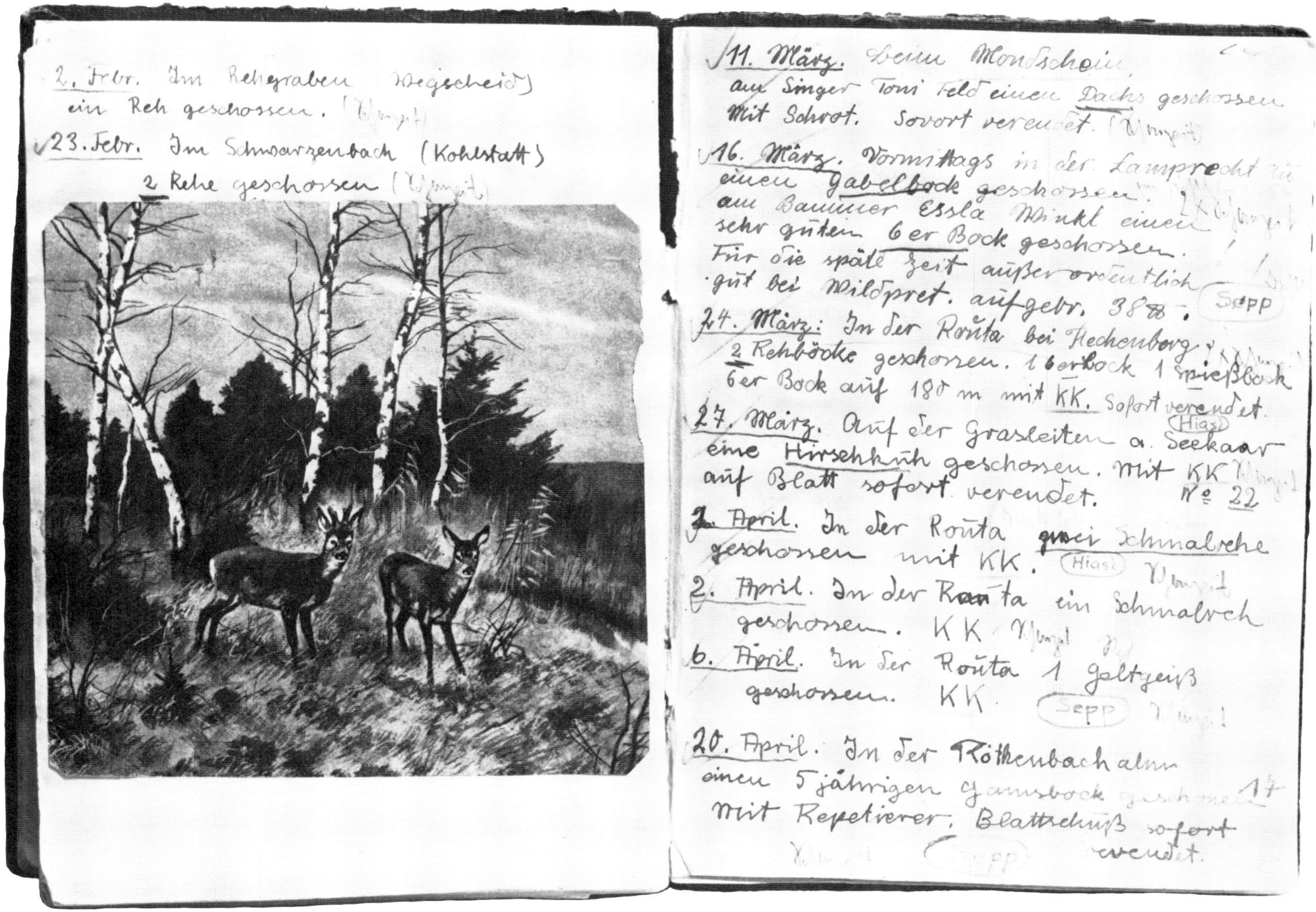

2. Febr. Im Rehgraben (Wegscheid)
ein Reh geschossen.

23. Febr. Im Schwarzenbach (Kohlstatt)
2 Rehe geschossen

11. März. Beim Mondschein,
am Singer Toni Feld einen Dachs geschossen
Mit Schrot. Sovort verendet.

16. März. Vormittags in der Lamprecht
einen Gabelbock geschossen.
am Baummer Essla Winkl einen
sehr guten 6er Bock geschossen.
Für die späte Zeit außerordentlich
gut bei Wildpret. aufgebr. 38
(Sepp)

24. März: In der Routa bei Hechenberg
2 Rehböcke geschossen. 1 6erbock 1 Spießbock
6er Bock auf 180 m mit KK. Sofort verendet.
(Hiasl)

27. März. Auf der Grasleiten a. Seekaar
eine Hirschkuh geschossen. Mit KK
auf Blatt sofort verendet. № 22

1. April. In der Routa zwei Schmalrehe
geschossen mit KK. (Hiasl)

2. April. In der Routa ein Schmalreh
geschossen. KK

6. April. In der Routa 1 Galtgeiß
geschossen. KK (Sepp)

20. April. In der Röthenbachalm
einen 5jährigen Gamsbock geschossen
Mit Repetierer. Blattschuß sofort
verendet. (Sepp)

Aus dem Tagebuch eines Wilderers. Deutsches Jagdmuseum, München

und die Wirtschaft durch ein längeres Wegbleiben (während der Haft) arg leiden würde. Rieser wies dieses Ansinnen zurück und ging selbstverständlich nicht darauf ein, als ihm Unterberger 5 Gulden, 10 Gulden, 50 Gulden und schließlich die beste Kuh seines Besitzes versprach, wenn er ihn nicht anzeige. Nachdem Unterberger mehrmals noch kniefällig seine Bitte wiederholte, entfernte sich nach der über eine Stunde dauernden Unterhaltung der Jäger und erstattete beim k. k. Gericht die Anzeige.

Wie erstaunt war aber der Jäger, als Unterberger bei der diesfällig angeordneten Verhandlung einfach alles wegleugnete. Aber ganz alles! Natürlich kannte er auch das abgenommene Gewehr nicht! Ein stark anrüchiges Individuum, Schlosser von Profession, welches sein Dasein hauptsächlich durch Reparaturen von Wildschützengewehren fristet, gab für Unterberger Zeugnis, daß er um die fragliche Zeit in seiner Werkstätte war. Der Wilddieb wurde freigesprochen! Der Jäger mußte dem Unterberger und dem Zeugen bei der Verhandlung ein paar Schönheiten gesagt haben, da ihm der Richter drohte, daß er bei Wiederholung dieser Freundschaftsäußerungen für einige Zeit in ein etwas weniger geräumiges und nicht sehr lichtes Kämmerlein gebracht werden müßte. Gedanken sind zollfrei; sonst wäre Rieser nach dieser Offenbarung bestimmtestens für einige Zeit dienstunfähig gemacht worden! – Nun, wie oben erwähnt, wurde Unterberger heuer wieder ertappt, und durch den jetzigen Richterspruch ist der Jäger einigermaßen versöhnt.

Am 6. Dezember hatte Rieser wieder Gelegenheit, mit zwei Wilderern zusammenzutreffen. Der eine, der Bauernsohn Johann Bichlmayr in Bärndorf, versuchte vorerst sein Heil in der Flucht; nachdem ihm aber der Jäger sehr nahe kam, machte er kehrt und drückte sein Gewehr auf ihn ab; die Kugel streifte nur den Rock des Jägers; auch Rieser riß fast gleichzeitig sein Gewehr in Anschlag, des Wilderers Schuß muß ihn frappiert haben, und die Ladung seines Gewehres ging einige Schritte vor Bichlmayr in die Erde. Bichmayr setzte seine Flucht fort, wurde aber vom Jäger nicht verfolgt, da derselbe befürchten mußte, vom zweiten Schützen, den er während der Flucht aus dem Gesicht verlor, aus einem Hinterhalt angeschossen zu werden. Trotzdem der Jäger den einen Wilderer bestimmt erkannt hatte, leugnete derselbe schon gleich nach seiner Verhaftung, welche einige Stunden nach der kritischen Affaire erfolgte, leugnete bei der Voruntersuchung und leugnete auch bei der in Leoben stattgehabten Verhandlung; den Bestrebungen seines Verteidigers hat es Bichlmayr zu verdanken, wenn er heute noch nicht verurteilt ist; die Verhandlung wurde behufs Einvernahme neuer Zeugen vertagt.

Oh, dieser Doktor, der hat schon manchen Jägerfluch auf seinem Gewissen!

Mitteilungen des Niederösterreichischen Jagdschutzvereins, 1892

Wildererwaffen
1 Als Spazierstock getarnter Schießstock (Windbüchse), Hirschhorngriff, um 1800
2 Als Spazierstock getarnter Schießstock mit geschnitztem Kopf (Griff), der hintere Teil des Stockes ist der Luftbehälter, welcher mit einer Pumpe gefüllt wurde, um 1800
3 Windbüchse mit abschraubbarem Lauf. Der Hahn dient zum Öffnen und Schießen des Ventils. Der Kolben ist der Luftbehälter, um 1800
4 Primitiver Schießstock für Patronen, um 1900
5 Legbüchse mit militärischem Steinschloß, um 1850

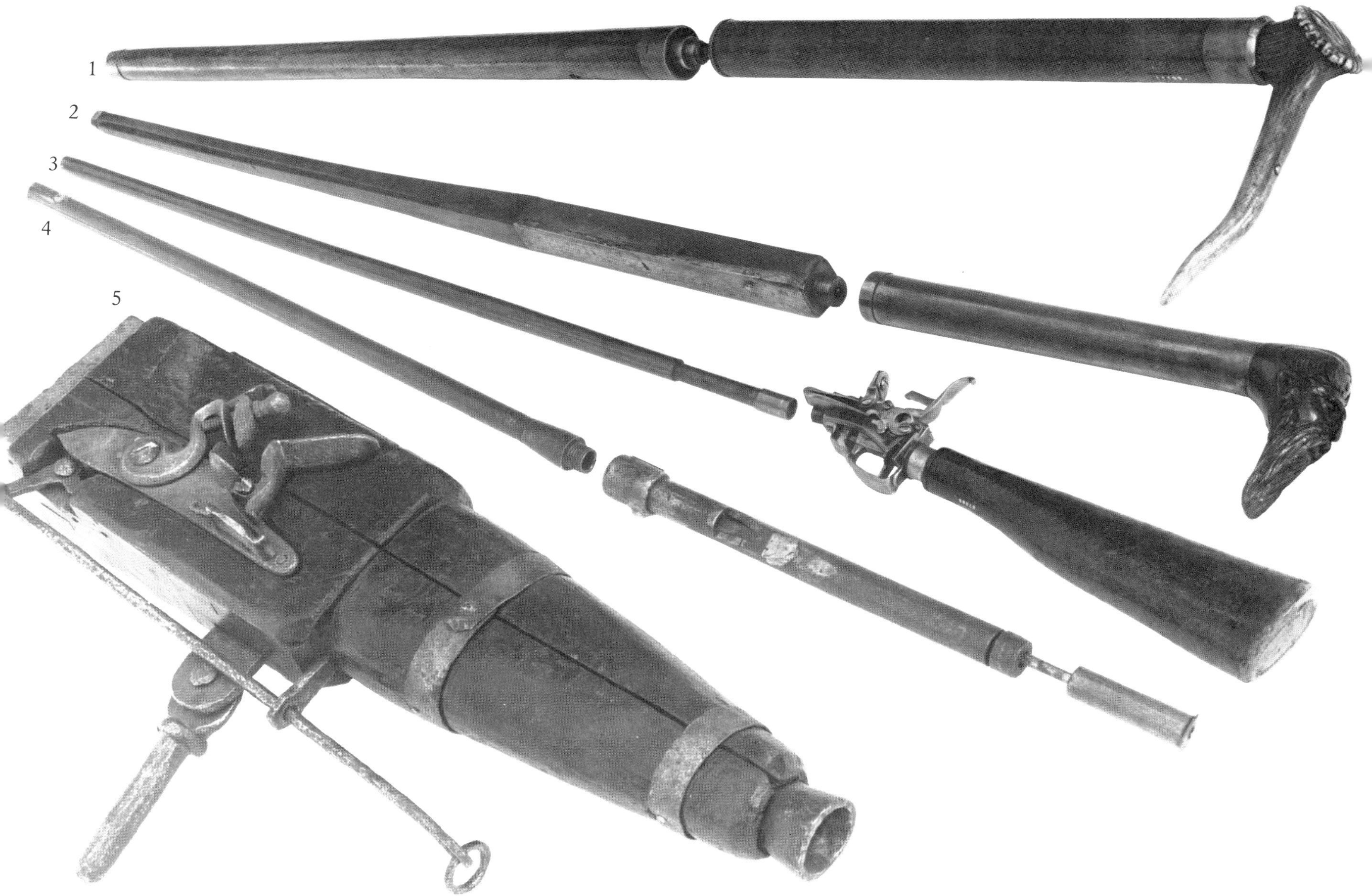
1
2
3
4
5

Ein Salzburger Jagdgehilfe wildert in der bayerischen Hofjagd

Ein interessanter Rechtsfall zwischen bayerischen Forst- und Jagdbeamten und einem Wilderer, zugleich Jäger im österreichischen Privatjagddienst, als Kläger ist vor kurzem beim k. k. Landesgericht in Salzburg als Berufungsinstanz zum Austrag gekommen. Am 21. und 23. November vorigen Jahres befanden sich der k. bayerische Forstwart Laur von Falleck und die k. bayerischen Hofjagdaufseher im Jagdschutzdienst und sahen die Genannten auf dem bereits auf österreichischem Gebiet gelegenen Reuthauserberg, dessen Wildstand aber pachtweise zur bayerischen Hofjagd gehört, einen Menschen wildern. Vom sogenannten Lahnkar an der südlichen Seehornseite aus konnten die Jäger den verdächtigen Menschen durch ihre Gläser genau beobachten, und es fiel Mittag 12 Uhr auf dem Grenzrücken des Reuthauserberges in der sogenannten Reuthausernieder ein Schuß, worauf der Verdächtige Nachsuche hielt. In Folge der Terrainverhältnisse konnte eine Verfolgung nicht durchgeführt werden, da die Entfernung ein rechtzeitiges Eintreffen der bayerischen Jagdorgane am Schußplatz unmöglich machte. Nach etwa dreiviertel Stunden wurde der Wilderer wieder sichtbar.

Am 23. November stießen dieselben bayerischen Jäger wieder auf der Südseite des Reuthauserberges auf zirka 200 Schritte auf den gleichen Wilderer, der aber sofort flüchtig ging. Der Jagdgehilfe Schöttl suchte das Revier genau ab und fand eine von Raubzeug bereits stark angeschnittene dreijährige Gemse, die waidwund geschossen über eine Felswand abgefallen war. Offenbar wollte der fremde Wilderer am 23. November nach dem vor zwei Tagen erschossenen Wildpret suchen. Pflichtgemäß erstattete der Forstwart beim Forstamt Ramsau hiervon Anzeige und wurde auch der österreichische Jagdpächter Schmidtmann in Grubhof als Jagdnachbar davon mit der Bitte verständigt, behufs gemeinsamer Schritte zur Abfassung des

Wilddiebes sein (österreichisches) Jagdschutzpersonal vorzustellen bzw. ein Rendezvous der bayerischen und österreichischen Jagdgehilfen zu veranstalten. Die Zusammenkunft wurde auf den 7. Dezember im Forsthaus Weißbach anberaumt. Zu nicht geringem Erstaunen stellte sich bei diesem Rendezvous heraus, daß der von dem bayerischen Jagdgehilfen und vom Förster Laur sofort wiedererkannten Wilderer der Schmidtmann-sche Jagdgehilfe Namens Schied ist.

Der bayerische Forstwart beschuldigte den österreichischen Jagdgehilfen sofort der Wilderei auf bayerischem Hofjagdgebiet, worauf Schied sofort seine sämtlichen Zeugnisse (!) vorwies, um seine „Schuldlosigkeit" nachzuweisen. Das sofort verständigte Forstamt Ramsau verfügte zwar aus Gründen der Nachbarlichkeit, von einer Anzeige beim zuständigen österreichischen Bezirksgericht Abstand zu nehmen, jedoch wurde der Jagdpächter Schmidtmann verständigt, daß die bayerischen Jagdbeamten in seinem Wildheger den Wilddieb genau wiedererkannt haben. Schmidtmann ließ den Fall privatim untersuchen und verlangte von seinem Jäger Schied einen genügenden Alibibeweis. Jäger Schied vermochte nur anzuführen, daß er am 21. November um neun Uhr früh zu Hause war und nachmittags zwei Kitzfelle nach Saalfelden getragen habe. Für den zweiten Tag konnte Schied überhaupt nur beweisen, daß er um drei Uhr nachmittags von einem Gendarm gesehen worden sei. Für die schwer inkriminierte Zwischenzeit, welche zu Gängen ins bayerische Hofjagdrevier, wie nach Saalfelden, völlig ausreichend ist, konnte ein Alibibeweis nicht erbracht werden. Schied erklärte sich hartnäckig für unschuldig und verlangte vom bayerischen Forstwart Laur eine schriftliche Ehrenerklärung mit dem Eingeständnis, daß Laur sich mit der Anschuldigung des Schied geirrt habe.

In Anbetracht der bestimmten Wiedererkennung des Wilddiebes in der Person des Schied und der gleichmäßigen Behauptung der zwei bayerischen Jagdgehilfen verweigerte Forstwart Laur diese Erklärung – ein Irrtum war bayerischerseits vollkommen ausgeschlossen –, worauf der Wilderer-Jagdgehilfe Schied gegen Laur und die zwei Jagdgehilfen beim k. k. Bezirksgericht Lofer wegen Ehrenbeleidigung Klage stellte. Forstwart Laur hingegen erstattete die amtliche Anzeige gegen Schied wegen Wilddiebstahls. Am 30. März l. J. erkannte das k. k. Bezirksgericht Lofer ohne Zeugenvernehmung zu Recht: Der Alibibeweis des Klägers Schied sei vollkommen gelungen (?) erbracht, und der Forstwart Laur wie seine Jagdgehilfen Schöttl und Haselberger seien nach § 487 des österreichischen Strafgesetzbuches der Übertretung gegen die Sicherheit der Ehre schuldig; demgemäß wurden Fortwart Laur nach § 493, 266 und 261 zu einer Geldstrafe von 50 fl., die Hofjagdgehilfen aber zu je acht Tagen Arrest und Tragung aller Kosten verurteilt! Laur meldete für sich und seine Untergebenen sofort die Berufung an.

Das Urteil erregte in der ganzen Gegend großes Aufsehen, zumal der verurteilte Forstwart zu den gewissenhaftesten Forstbeamten bei strengster Pflichttreue zählt, bei welchem eine leichtfertige Anschuldigung geradezu ausgeschlossen erscheint. Das k. k. Landesgericht in Salzburg als Berufungsinstanz beschäftigte sich mit dem in mehrfacher Beziehung interessanten Fall eingehend, Advokat Dr. Rosian in Salzburg übernahm die Vertretung der bayerischen Forst- bzw. Jagdbeamten und wurde unterm 5. d. M. das Urteil des k. k. Bezirksgerichts Lofer aufgehoben, Forstwart Laur mit seinen Jagdgehilfen von Strafe und Kosten glänzend freigesprochen.

Berchtesgaden, 15. Juni 1892

Deutscher Jäger, 1892

Grenzkonflikt

Wiewohl das eigentliche Gebiet des Steinernen Meeres erst am Schluß des hochromantischen Wimbachtales mit dem großen Hundstod beginnt und den König aller Seen im Süden umrahmend ostwärts bis zum Alpriedlhorn in der eisigen Nachbarschaft der Übergossenen Alpe reicht, so pflegt man doch auch schon die an den Hundstod und das Palfelhorn mündenden Hochtäler mit den Scharten und karigen Übergängen ins Gebiet des Steinernen Meeres zu rechnen.

Eines dieser wilden Hochtäler ist das vom Dießbach durchflossene gleichnahmige Dießbachtal, ein prächtiges Gamsrevier, aber auch eine gute Alpenweide. Grund und Boden gehört bereits zum Kaiserstaat Österreich, das Wild jedoch zur Krone Bayerns, da der bayerische Hof diese Hochreviere für das königliche Leibgehege in Pacht genommen hat. Dadurch stehen sich bayerische und österreichische Interessen, soweit die Hochjagd in Frage kommt, scharf gegenüber und häufig genug auch die bayerischen Jagdaufseher gegen die gamslüsternen Pinzgauer, so daß es an Kämpfen auf Leben und Tod nicht fehlt. Dieser Umstand, sowie die riesige Ausdehnung dieser Jagdreviere haben zur Verdreifachung des Schutzpersonals gezwungen, und es mußte der Dienst geradezu militärisch organisiert werden, um der Wilderei, namentlich auf Gemsen, einigermaßen Herr zu werden. Treffpunkte wurden in der höchsten Wildnis angesetzt, oft an Stellen, wo seit Menschengedenken keine Jäger erschienen waren, und mit ziemlicher Regelmäßigkeit konnte ein besonders verwegener Pinzgauer mit aufgebrochener Gams überrascht werden, der vielleicht manchen Sommer sein „Privatrevier", eben der exponierten Lage wegen, unbehelligt abgeschossen haben mochte. Wiewohl keine bestimmte Stunde des Einlangens am Treffpunkt vorgeschrieben ist, da ja Zufälle, Beobachtungen und die ungeheuren Terrainschwierigkeiten jede Zeitberechnung zu Schanden machen können, so muß das Personal auftragsmäßig doch auf annähernd fünf bis sechs Stunden sich am vereinbarten Ort treffen zum Austausch gemachter Beobachtungen, worauf die Jagdgehilfen meist einzeln auf verschiedenen Pfaden ihre weiteren Dienstgänge durchs Hochrevier antreten.

Als Geheimordre war für den 7. August um die Mitte der 70er Jahre eine Treffung von vier bayerischen Hofjagdaufsehern im Leoganger Seilergraben ausgegeben worden, weil das Forstamt die Beunruhigung des Wildstandes am oberen Ende des Wimbachtales und jenseits des großen Palfelhornes auf österreichischer Seite im Dießbachtal beheben lassen wollte. Zu diesem Zweck mußte der Jagdgehilfe des Wimbachtales an dem berühmten 1724 m hoch gelegenen Gemsenstand vorbei über den Hundstodkantelkopf und unter der Kühleitenschneid zur Grasleiten und dann in den Seilergraben, während ein zweiter vom Drischübel die Steinwüste zu durchqueren hatte, die sich vom Königssee westlich mit ungeheurer Wucht auftürmt. Einen Dienstgang über Almgründe hat der Jäger vom Fallecker Forsthaus zu machen, indes der vierte vom Kamerlinghorn, im Gemsrevier bleibend, den Seilergraben erreichen muß. Wenn bloß diese Marschleistung einem Touristen zugemutet würde, er bekäme die Lust am Wandern in der Hochlandswüste bald und gründlich satt. Hierzu aber kommt die Arbeit des Berufsjägers für Augen und Ohren in gespanntester Aufmerksamkeit, um nichts zu übersehen und alles von Bedeutung zu erfassen.

Ein prächtiger Abend ist einem sonnigen Augusttag gefolgt, noch glühen die höchsten Spitzen des zum Greifen nahen Steinernen Meeres, im Hochtal ist indes schon der Vorbote des Abends wahrzunehmen, das Zittern der mit dem leise aufsteigenden Nebel kämpfenden lauen Luft und das Violett der im

Schatten liegenden Felsen. In einigen Hütten der Kallbrunneralm unterm Hochkranz herrscht fideles Leben. Mehrere Almbauern sind zum Nachschauen heraufgekommen und haben von dem Geißbuben Schnaps und frischen Proviant heraufbringen lassen, ja der Besitzer vom Grabnerkaser ist in der Spendierlederhose raufgekraxelt, und sein Knecht schleppte gar ein Faßl Rotwein mit herauf. Die Sennerin hat sakrisch gut aufgekocht, Schmarrn und Almmuas, gewiß nicht gespart mit der Butter, so daß den vergnügt Essenden das Fett von den Lippen troff, dann kam der Kaffee mit viel Rahm und wenig Bohnen, und gegen Abend ließ der vergnügte Bauer das Faßl Wein anstechen. Auf sein Geheiß durften die Sennerinnen der Nachbarkaser sich am Gelage beteiligen und ihre Zithern mitbringen, damit „was geht auf der Alm".

Fast gleichzeitig mit den feschen Sennerinnen kam auch ein Pinzgauer Bursche auf den Grabnerkaser, der zwar vorgab, heut' noch auf die Dießbachalm zu müssen, aber mit der Sennerin einen so lebhaften Blick wechselte, daß an seinem Verbleiben im Grabnerkaser nicht zu zweifeln war. Der Bauer hat etwas rasch getrunken und ist daher ziemlich aufgeräumt worden. Ihm war es hochwillkommen, daß eben ein neuer Gast in die almerische Gesellschaft trat. Er ist's, der Schneid-Franzl, der Fallecker Jäger, der seinen Namen wahrlich nicht umsonst trägt, denn einen schneidigeren Burschen kann man sich nimmer denken in den Bergen. Klein zwar von Gestalt, aber flink und geschmeidig, ein Manderl mit Quecksilber statt Blut, aber ruhig wie Gestein auf dem Paß. Das Forstamt hätte gar keinen besseren Gehilfen für das arg beunruhigte Gamsrevier finden können. Daß ein so rücksichtslos im Dienst vorgehender Jagdgehilfe nicht eben beliebt sein kann bei den Bauern, versteht sich, hingegen vermochte die Bevölkerung, so sie nicht auf's Wildstehlen erpicht ist,

Blattzeit

dem unermüdlichen und in seinem Privatleben braven und seelenguten Menschen die Achtung nicht zu versagen.

„Grüß Gott, Jager!" hieß es zum Willkomm im Grabnerkaser, und bereitwillig rückten die Sennerinnen beiseite, damit der Franzl noch Platz am Herd bekomme. Unauffällig rückt auch der Pinzgauer Bursch, aber ins Dunkle. Er will vermeiden, daß der Jäger ihn erblickt. Aber die Katzenaugen des Franzl haben den Burschen längst erfaßt, und das scheue Zurückweichen in's Finstere sagt dem Jäger alles. Ob er no' an Schmarrn möcht? Der Franzl dankt, er hätt' schon z' Abend 'gessen.

„Wohl auf der Kamerlingalm?" fragte anzüglich eine der Sennerinnen.

„Hast 's erraten!" gab treuherzig der Franzl zu. Dort hat der Jäger sein Herz verloren an eine Sennerin, die er heiraten möcht', wenn die Obrigkeit es erlaubt und er die Heiratsgroschen (eigentlich sind's Taler) bekommen hat.

„Aber a Glaserl Wein wird der Jager wohl mittrinken?" meint der Bauer.

„Sell schon, Bauer, schenk nur ein."

Eine alte Jägererfahrung ist es, daß der Berufsjäger nie eine Alm verlassen wird, ohne daß sich Sennerin oder Senn und Kuhbub auf das angelegentlichste erkundigen, wohin der Jäger seinen Dienstgang richte, wann er an einem gewissen Ort einzutreffen beabsichtige und dergleichen Fragen mehr, die natürlich nie der Wahrheit gemäß beantwortet werden. Selbst eine Sennerin, die keinen Wilddieb zum Schatz hat, wird in dieser Weise, man möchte sagen, aus angebornem Interesse, fragen.

Natürlich interessiert sich die heutige Gesellschaft in der Grabnerhütten äußerst lebhaft, was der Franzl noch alles vorhat. Auf sein knappes „nix" lädt der Bauer den Jager für morgen zum Kaffee ein, weil er ja doch heut Nacht auf der Alm bleibe.

„Ja, warum net?" meinte der Franzl. „I kimm um a achte zum Kaffee, wenn's bald g'nuag ist!"

„Ganz recht, und wohinzu gehst heut Nacht no?"

„I werd' mi um den Farmauriedl birschen gegen die Wimbachscharten, weil i ja doch net im Heu bleiben darf. Also, pfiat Gott, morgen um achte zum Kaffee bin i wieder da!" Damit trat der Jäger von der Hütte in die Nacht hinaus und verschwand lautlos.

Nicht lange darauf huschte durch die hintere Stalltür des Kasers eine Gestalt, die in großer Eile der Geisplatten zustrebte.

Der Franzl hat ihn aus einem Versteck beobachtet. Nach der Richtung, die er einschlägt, ist er höchstwahrscheinlich von der kleinen Berggemeinde Pürzelbach, die ein ganzes Nest von Wildschützen verwegenster Art beherbergt. Der Franzl weiß davon aus Andeutungen, die ihm seine Marie gegeben, die ja von Pürzelbach ist und leider unter ihren eigenen Verwandten leidenschaftliche Wilderer hat. Offenbar verständigte der Pürzelbacher jetzt seine Genossen, daß der einfältige Jager morgen im Grabnerkaser zum Kaffee kommt, und die Lumpen werden sich daher beeilen, um in jener Zeit in's aufsichtslose Revier zu gelangen. Derweil der Jäger beim Kaffee sitzt, lassen sich bequem und gefahrlos einige Gamsn niederknallen und heimtragen.

Der Franzl ist überzeugt, daß die Bande wenigstens zu zwei Mann um acht Uhr Früh im Revier am Seehorn sein wird, wo's am Röselkreis die schönsten Einständ' gibt. Zum Kaffee zu gehen, fällt ihm nicht ein, er hat ja die Einladung nur angenommen, um den Pinzgauer Burschen sicher zu machen. Jetzt heißt es aber die Füße über die Achseln nehmen, um so schnell wie möglich an den Treffpunkt zu gelangen und trotz der finsteren Nacht fast pfadlos die Steigung von 400 Metern an der Kühleiten zu gewinnen und von dort gegen Morgengrauen in den Sei-

Vermutlich Illustration zu einem Wilderer-Roman, ca. Mitte 19. Jahrhundert ▸

Verwundeter Wilderer wird von seinem Freund auf der Flucht gestützt ▸▸

lergraben einzusteigen. Der Franzl mit seinen Luchsaugen kletterte wie ein Eichkatzl und biwakierte erst, als die Steilabstürze des Palseehornes in stockfinsterer Nacht ein Aufwärtsklettern zu gefährlich machten. Kaum aber begann der Morgen zu grauen, da stieg Franzl schon ein, überkletterte die Scharte und setzte sich an zur Treffung. Jetzt wäre es günstig, wenn die anderen Jagdgehilfen auch so frühzeitig kämen, daß die Wilderer richtig abgefangen werden könnten.

Leise rollen kleine Steinchen, kaum vernehmbar, doch das scharfe Jägerohr hat es schon vernommen. Franzl steht schußbereit hinter seiner Föhre. Doch Gewehr ab, es ist der Drischübler Jagdgehilfe, der wie ein Fuchs über die Scharte schnürt und bald den Kollegen erblickt. Jetzt kann der Fang beginnen, auf die Treffung müssen die beiden Jagdgehilfen schon verzichten. Der Wimbacher wird eben seine Zeit abwarten, und der vierte Aufseher kann möglicherweise just recht kommen, wenn's tuscht drüben am Seehorn. Rasch ist der Drischübler Jäger verständigt, und beide Gehilfen schleichen in aller Stille und mit größter Eile durch die Felswüste abwärts und nach dem südwestlich gelegenen Seehorn.

In den jungen Morgen donnert ein Schuß, begleitet von vielfachem Echo, ein Kugelschuß mit starker Ladung, und zwar muß er am Seehorn gefallen sein. – Jetzt gilt's, die Pürzelbacher sind an der Arbeit. – Nur ein Gebirgsjäger, der einen Wildpretschützen fangen will, kann ungeachtet der Terrainschwierigkeiten so laufen, wie die beiden Jagdaufseher. Kleine Wandeln wurden einfach übersprungen, der Bergstock eingesetzt und in kühnem Schwung geht's hinüber und hinab.

Plötzlich stutzt der Franzl vorne und winkt den nachfolgenden Gehilfen zur Vorsicht. Eine Steilwand versperrt den Weg nach abwärts, drunten aber sind zwei Wilderer zu erblicken, wie sie eben eine Gams einsteinen. An Steinen ist just an dieser Stelle kein Mangel, denn ein Kar zieht hier in die Tiefe, zum Teil noch von einer Schneezunge durchzogen; Franzl besieht mit dem Spektiv die Szene ganz genau, doch vermag er die Diebe wegen der vorgesteckten Larven nicht zu erkennen. Daß sie gerade am Röselkreis die Beute einsteinen, ist für den vierten Jagdgehilfen recht gefährlich, der diesen Weg kommen muß, um zur verabredeten Treffung zu gelangen. Und andererseits können die beiden Jagdgehilfen der Steilwand wegen nicht rasch genug hinab.

Franzl sucht die ganze Gegend ab. Da um aller Heiliger Willen, da unten steigt ahnungslos der vierte Jagdgehilfe ins Kar und auf die Schneezunge, hell beleuchtet von der Sonne, indes die Wilderer oben tief im Schatten sitzen. Sie können auf den Jäger behaglich Scheiben schießen, sein Leben ist verloren.

In der Tat hat der eine Wilderer den Jäger einsteigen gesehen und macht sich schußfertig.

Was soll der Franzl tun? Gibt er von oben den Wildpretschützen Feuer in den Rücken, so ist er straffällig. Schießt er nicht, so ist sein Kollege verloren. Die Situation drängt zur Entscheidung. Kurz entschlossen beugt sich Franzl vor und ruft hinab. Augenblicklich fahren die Gewehrläufe auf, und einer der Wildschützen macht krum, gottlob viel zu kurz. Jetzt ist der Jagdgehilfe unten gewarnt, wiewohl er von dem Vorgang in vollster Sonnenblendung nichts wahrnehmen kann.

Was aber ist das? Der Jäger sucht Deckung aufwärts unter den Gufeln im Schatten! Er rennt direkt den Wilderern in die Hände. Nun gibt's kein Besinnen mehr, der Franzl muß auf die Wilderer Feuer geben. Und in Gottesnamen zielt er, die Entfernung berechnend, und drückt auf den Kopf des einen Wildpratschützen ab.

Erwischt. Nach einem Ölgemälde von Hugo Kauffmann.
Dieses Bild diente sicher als Vorlage für den Maler Ringeisen, siehe Seite 88

Ein Aufschrei, und der Mann sinkt aufs Gestein nieder, die Kugel ist ins Bein gefahren. Den abermaligen Schuß hat jetzt der Jäger unten richtig taxiert, er sichert sich schleunigst seitwärts. Nun müssen aber die Jager von oben die Verfolgung aufnehmen, die nun auch mehr Chancen hat, da der eine der Wilddiebe verwundet ist. In sausender Eile stürmen die Gehilfen seitlich in die Einständ', die Steilwand auslaufend und dann in die Latschen einspringend. In wuchtigen Sprüngen gelangen sie rasch abwärts. Hoffentlich nimmt auch der Jäger Naz unten die Verfolgung auf, er muß ja jetzt die Situation erfaßt haben. Franzl nimmt das letzte Wandl in kühnem Sprung und rasselt mit beiden Füßen ins Kollernde Kar, doch mit einem zweiten Sprung ist er wieder oben auf festem Gestein. – Da liegt der Schweiß des angeschossenen Wilderers. Franzl sucht die Anschußstelle sorglich ab, die Spur geht weiter felseinwärts und dann abwärts. Bald ist auch der Drischübler wieder an seiner Seite, und auch der Naz gesellt sich ihnen bei, den Franzls Schuß gerettet hat.

Alle drei nehmen die Verfolgung sofort wieder auf, immer der Schweißspur nach, die sich aber plötzlich im Latschengestrüpp verliert. Wohin sind die Flüchtigen? Franzl studiert abermals das wilde Terrain. Was kann das plötzliche Verschwinden ermöglicht haben? Ihm ist diese Stelle einigermaßen bekannt. Ein kurzes Nachsinnen — ha, jetzt weiß er alles! — Hier hat er einen Gamsbock geschossen, der flüchtig ging. Nach langem Suchen fand er den Bock verendet in einer nahen Höhle, und dort werden auch die Wildpratschützen sich verborgen haben.

Sofort teilte er seine Vermutung den Kollegen mit und entwirft den Kriegsplan. Jene Höhle hat einen äußerst schmalen Eingang, der es nur einem Mann gestattet, sich kriechend durchzuwinden. Mit einem schußfertigen Gewehr läßt sich der Zugang uneinnehmbar von der Höhle aus verteidigen. Dafür aber führt von oben ein natürlicher Schacht mitten in die Höhle, den damals Franzl zufällig entdeckte und durch welchen er seinen Bock liegen sah. Der Plan zum Fangen ist im Nu fertig. Das Messer zwischen den Zähnen wird Franzl durch den zwei Meter tiefen Schacht in die Höhle springen und sofort mit den Wilderern den Faustkampf beginnen, so daß ihre Aufmerksamkeit vom engen Eingang abgelenkt wird, durch welchen inzwischen der Drischübler sich einschleicht und die Diebe im Rücken faßt. Hinter ihm der Naz, um die Gewehre der Wildschützen wegzunehmen und im Anschlag zu bleiben für den unwahrscheinlichsten Fall des abermaligen Flüchtiggehens. Die Uhren werden reguliert, jeder Jager begibt sich auf seinen Posten, auf die verabredete Minute beginnt der gemeinsame Angriff.

Wie eine Katze springt Franzl in den Schacht und just dem gesunden Wilderer auf den Rücken, der eben seinem verwundeten Spießgesellen den Fuß verbindet. Ein Schrei des Schmerzes und der Wut über diesen Überfall, und im Nu ist Franzl im Handgemenge. Mit eisernen Griffen umklammern sich Franzl und der eine Wilddieb, ein Ringen mit Aufgebot der äußersten Körperkraft, da gelingt es Franzl, dem wütenden Gegner eine Stich mit dem Knicker zu versetzen. Inzwischen ist der Drischübler soweit in den Eingang gekrochen, um gerade noch rechtzeitig die Wilderergewehre wegzunehmen und dem hinter ihm liegenden Naz hinterzureichen. Nun hat's keine Gefahr mehr, und rasch windet sich der Drischübler vollends in die Höhle. Wohl schreit der Verwundete, aber er ist von Blutverlust zu geschwächt, um dem zweiten Gegner sich entgegenwerfen zu können. Der Drischübler packt daher den gesunden Wilderer im Rücken, der Kampf ist aus, schäumend liegt der Dieb wehrlos am Boden, mit gefesselten Händen. — Hab'n mer enk, ös Lumpen!

Vor Schmerz wimmert der Geschossene in der Ecke der Höhle und bittet die Jäger um Hilfe, sie möchten ihm die schmerzende Kugel aus dem Bein entfernen. Gutmütig wie immer ist Franzl auch dazu bereit; er schneidet das Geschoß heraus und verbindet die Wunde. So, jetzt die Larven weg vom Gesicht, damit man weiß, wen man gefangen hat. „Nicht übel", ruft der Franzl, der zwei nahe Verwandte seiner Marie, deren Geschwisterkinder vor sich sieht. Den Simmerl und den Toni aus der sauberen Verwandtschaft hätte man glücklich, meint der Franzl, und hoffentlich kriegen wir die anderen auch noch.

So, und nun marschabwärts zur nächsten Almhütte im Dießbachtal.

Das gab ein Geschau auf dem Mitterkaser, wie der Wilderertransport anlangt! Voran der Franzl mit dem ausgesteinten Gamsbock und den Wilderergewehren auf dem Rücken, in der Mitte der gefesselte Wildschütze, hinter ihm, vom Drischübler gestützt, der mühsam sich fortschleppende, angeschossene Wilderer und zum Schluß, schußbereit, der Naz.

Das Gejammer der erschreckten Sennerinnen unbeachtet lassend, schickte Franzl sofort einen Schafbuben hinaus nach Pürzlbach zum Vater des verwundeten Spitzbuben um Fuhrwerk, indes Naz und der Drischübler den gesunden Wilderer über Falleck zur Gendarmerie transportierten.

Finster blickten die herbeigeeilten Hirten drein; wenn sie könnten, möchten sie am liebsten den Jägern ihren Fang wieder abnehmen.

Der Franzl bleibt keck, wie er ist, im Mitterkaser zurück. Er quartiert sich in der nahen Diensthütte ein, indes die Hirten wieder aufwärts zu ihren Herden steigen. Die nötige Vorsicht läßt er doch nicht außer acht; er holt sich das nötige Wasser an der nahen Quelle mit dem Gewehr in der Hand und hantiert in der Hütte immer so, daß er die Büchse mit einem Griff haben kann. Allein, wie vermutet, wagt niemand einen Angriff. Spät am Abend kam der Transport, um den angeschossenen Wilderer zu holen. Wenn Blicke vergiften könnten, so wäre der Franzl ein toter Mann; der Vater des verwundeten Wilderers flucht: Wenn sich der Jäger noch einmal auf der Kamerlingalm blicken läßt, dann wird ihm die Seele aus dem Leib geprügelt, und der Franzl soll die Hoffnung aufgeben, daß er des Bauern Tochter, die Marie, zum Weib erhält!

„Des sell wer'n ma scho no seh'n!" ruft der Franzl dem abziehenden Bauern nach. Am Abend geht der Franzl hinüber zum Mitterkaser, läßt sich von der Sennerin einen fetten Retzel kochen, da er ohnedies noch nichts im Leib hat seit gestern Abend. Und damit's noch lustig wird, spendiert er einen Guldenzettel für Schnaps. Der helle Jodler aus dem Mitterkaser lockt die Sennerinnen der anderen Almhütten herbei, a Glasl Schnaps, aa zwoa, mag jede nach getaner Arbeit. Die fescheste der Sennerinnen fängt sich der lustige Franzl heraus und tanzt unter den Klängen eines Votzhobels (Mundharmonika) auf dem Hüttenboden, daß es dröhnt. Freilich läßt der Franzl seine Büchs nicht aus den Augen.

Tags darauf marschierte Franzl aufs Forstamt zum Rapport. Im Dienstweg erging die Anzeige von dem Fang der Wilddiebe ans bayerische Landgericht Traunstein, das gegen den Jagdaufseher Schneid-Franzl die Untersuchung einleitete. Brachte in Bayern das Forstamt die Angelegenheit pflichtgemäß zur Anzeige bei Gericht, so erfolgte beim österreichischen Gericht in Saalfelden eine Anklage gegen den Jäger-Franzl seitens der Schafhirten, welche durchs „Spektiv" die Schußszene gesehen zu haben vorgaben und steif behaupteten, der Jager habe meuchlings auf österreichische Untertanen geschossen. Das österreichische Ge-

Angenehme Rast. Nach einem Gemälde von Hugo Kaufmann

richt behandelte den Fall als mißlungenen Mordversuch mit beigebrachter schwerer Körperverletzung und verurteilte den bayerischen Hofjagdaufseher Schneid-Franzl in Abwesenheit zu 2¼ Jahren Zuchthaus.

Richtig enthielt auch das nächste Polizeiblatt bereits den Steckbrief gegen den sofort zu verhaftenden und in die Fronveste Salzburg einzuliefernden Jager Franzl. Das bayerische Gericht hingegen entschied, daß der Jager Schneid in berechtigter Notwehr handelte, um das Leben seines Kollegen zu retten, weshalb die Untersuchung gegen ihn eingestellt werden mußte.

Der Franzl hatte nun seinen Grenzkonflikt. Über die österreichische Grenze darf er nicht mehr. Das bayerische Forstamt mußte dieser eigenartigen Sachlage wohl Rechnung tragen und ein anderes, auf bayerischen Boden liegendes Revier anweisen. Man gab ihm daher das Revier am Steinberg zwischen Watzmann und Hochkalter in der Hoffnung, daß der Grenzkonflikt mit der Zeit wohl von selbst einschlummern werde.

So vergingen Monate. Wiewohl der Franzl in der Försterei Hintersee, also nahe genug an der österreichiscne Grenze, am Hirschbichl war, ereignete sich nichts von Belang, denn er wich der Grenze sorgsam aus. Allerdings hätte Franzl seinen Schatz in Pürzelbach fürs Leben gern gesprochen, aber sich ins Pinzgau zu wagen und noch dazu in eine bewohnte Ortschaft, das durfte er nicht riskieren. Jetzt aber, wo die Almen wieder bezogen sind und sein Schatz zweifellos auf dem Kamerlingkaser sennen wird, da treibt das Herz den Verstand von dannen, und die Liebe zieht den Burschen über die Grenze.

Bei Nacht und Nebel steigt er ins Gebiet der Hocheisköpfe ein, um tollkühn über den Karlboden durch das Hochgebirge die Grenze zu passieren und herunter auf die österreichische Kamerlingsalm zu gelangen. Ein fürchterliches Unwetter begünstigt sein waghalsiges Unternehmen. In seinen Wettermantel gehüllt, trotzt der wackere Jäger den Unbilden des ersten Hochgewitters seit Almzeit. Wie er aber vom Kleineis tollkühn felsenabwärts klettert, beginnt ein vehementer Schneesturm. Mit Aufgebot aller Kräfte muß Franzl zurück, um die Mittereisalm zu erreichen, sonst ist er verloren.

So rasch es in dem wüsten Terrain geht, hastet er weiter auf dem schmalen Steigl, das er im Schnee mehr erraten muß, als er es sehen kann – ein mißlungener Fensterlgang! Jetzt darf er froh sein den nächsten Heuschober als Schutz vor den entfesselten Elementen zu finden. So eilt er heißen Atems weiter, mit dem Bergstock sondierend, wo der Abgrund beginnt.

Eben passiert er einen mächtigen Ahorn, wo sich die Wege scheiden. Geht er rechts, so kann er in Bälde die Mittereisalm erreichen; links jedoch käme er zur Mooswand und hinab in's erste Zollhaus am Hirschbichl, also direkt in den Rachen des Löwen.

Da peitscht plötzlich, kaum hörbar im Sturm, ein Schuß und reißt die Rinde des Ahorn in Fetzen. Im Nu hat Franzl seine Büchse herunter und die Hähne auf; er deckt sich augenblicklich hinter dem Ahorn, der ihm anscheinend das Leben gerettet. Wer mag der hinterhältige Schütze sein? Zöllner und Gendarmen sind es nicht, die schießen nicht aus dem Hinterhalt, sondern hätten vorher angerufen. Lange bleibt Franzl im Anschlag, allein nichts ist wahrzunehmen. Das wird die Rache für den Schuß am Seehorn gewesen sein. Jetzt erst betrachtet sich Franzl, ob er nicht doch getroffen ist. Gottlob ist bloß der Gewehrschaft zertrümmert, der Rucksackriemen durchschossen und der Wettermantel teilweise durchlöchert. Wäre der Hauptschuß nicht in den Ahorn gegangen, dann ade, junges Jägerleben.

Franzl verbrachte den Rest der Wetternacht in der bereits

Balzzeit

bayerischen Mittereisalm und stieg morgens gegen die Bindalm ab, von wo dann die Straße vom Hirschbichl nach Hintersee bald zu gewinnen ist. Die Bindalm war wohl bezogen, aber weder Sennerin noch Hüterbua zu sehen, daher Franzl das frugale Mahl sich selber kochen mußte. Etwas Mehl, mit Wasser und Milch angerührt, dann Butter in der Pfanne am offenen Herd erhitzt, das Gemengsel hineingegossen, und nun unter fleißigem Umrühren läßt man den Schmarrn sich krusten. So fleißig gab sich Franzl dieser Arbeit hin, daß er gar nicht merkte, wie die Kasertür leise geöffnet wurde.

„Im Namen des Kaisers, Sie sind verhaftet!" tönt es plötzlich hinter dem kochenden Franzl, der zusammenzuckt und die Pfanne ins Feuer fallen läßt vor Schreck. Vor ihm stehen zwei österreichische Grenzaufseher in Waffen und fordern den Jagdgehilfen auf, sich zu ergeben.

„Was auf boarischem Boden mich verhaften? Waar net übel!" Spricht's, greift nach brennenden Scheitern und schlägt in rasenden Hieben den Feuerbrand den Grenzern um die Köpfe, daß die Haare brennen. Fluchend enteilen diese; Franzl springt ihnen schußfertig nach, bis er den schützenden Wald erreicht, wo er geborgen und Dank seiner flinken Beine unerreichbar ist.

Das Ereignis ward ausgiebig durchgesprochen in der ganzen Gegend; es fehlte auch nicht an einem Rüffel für die Grenzer für den ungesetzlichen Verhaftungsversuch auf fremdem Gebiet. Franzl war gewarnt für längere Zeit und mußte sich auf leidige „Brieferlschreiben" verlegen, um doch einigermaßen etwas von seinem treuen Schatz zu erfahren.

Wieder vergingen Monate, die Herbstfäden zeigten sich, 's Gamsriegeln steht in Sicht, da kam ein dringendes Schreiben ans Forstamt, das gleichzeitig die übrigen Forstorgane davon in Kenntnis zu setzen hatte. Im Hinterseer Forsthaus stand just

Franzl beim Rapport, als der Förster das amtliche Schreiben erhielt. „Franzl, Du mußt gleich nüber ins Forsthaus Falleck mit diesem Schreiben!"

„Zu Befehl, Herr Förster!" Und fort war der Franzl. Erst unterwegs fiel es ihm ein, daß er ja nicht über die Grenze darf, wenigstens nicht auf der Straße bei Hirschbichl. Er stieg also das Hirschbichler Horn an und schlich an der Litzlalm vorbei über die Grenze, überquerte dann rasch die Straße und flog mehr als er ging zum bayerischen Forsthaus Falleck, das aber auf österreichischem Boden liegt. Da wär er jetzt und auf die Kammerlingalm ist's auch nicht mehr weit, aber der Forstwart von Falleck, dem um die Freiheit des wackeren Jagdgehilfen auf österreichischem Boden bangt, drängt zum Heimgang auf bayerisches Gebiet. Der Franzl soll bis hart vor'm Zollhaus keck auf der Straße gehen und dann je nach der Situation bergeinwärts springen, meint der Forstwart, weil die Grenzer alles eher glauben, als daß der steckbrieflich Verfolgte auf der Straße einherschreiten werde. Richtig tut dies Franzl ganz gelassen, steckt für den „Notfall" Patronen in die Läufe seiner Büchsflinte und geht munter fürbaß. Er hat grad keine besondere Angst, aber wohler wär's ihm doch drüben im Bayerischen. Eine dumme G'schicht das mit dem Steckbrief!

So nähert er sich dem Zollhaus, als plötzlich hart aufeinander zwei Schüsse fallen. „Oha Franzl, da heißt's aufpassen!" denkt sich der Jagdgehilfe und springt seitwärts den Berg hinauf. Von dort sieht er oberhalb des Wirtshauses am Hirschbichl auf bayerischem Boden den Hinterseer Förster stehen und mit dem Hut winken. „Sakra, hiazt wird's g'fährli!" Und wie der flüchtige Hirsch geht's in die Wildnis hinan, ihm nach drei Grenzer und zwei Gendarmen, die eine eigene Streifung nach dem Jagdgehilfen veranstalten, nachdem sie erfahren, daß Franzl heute dienstlich nach Österreich mußte. Sie hätten ihn sicher diesmal eingefangen, wenn nicht die Liebe ihnen einen Streich gespielt und die Sorge des Försters um einen Jagdgehilfen dazu. Dem Franzl sein Schatz hatte nämlich von ihren Brüdern vernommen, daß wieder einmal Streifung auf den Franzl abgehalten werde, und weil er bei der Litzlalm über der Grenze gesehen worden war, so schien sein Fang diesmal sicher.

Eilig verließ die Marie Alm und Vieh, um zum Förster in Hintersee zu laufen, er solle den Franzl retten und ihn rechtzeitig warnen. Der Förster aber hing die Büchsflinte um und lief mehr als er ging an die Grenze am Hirschbichl, um seinen Jagdgehilfen zu retten. Franzl aber jubelte, als er vom Förster hörte, daß seine Marie herunter sei in ihrer Herzensangst zur Warnung. Jetzt will er auch energisch seine Heirat betreiben. Demütig stand der Franzl vor dem Forstmeister im Amtszimmer und harrte des Bescheids auf seine untertänigste Bitte um den Heiratskonsens. Eine verflixte Geschichte das! Er ist eine ausgezeichneter Jagdgehilfe, verdient alles Lob, aber wer ist denn seine Braut? Uje! Wie der gestrenge Forstmeister nun hörte, daß sie von Pürzlbach ist, daß ihre Verwandten wildern und der Franzl ihr Geschwisterkind schon einmal ausgeliefert hat, da meinte der Forstmeister, daß in eine solche Familie kein ordentlicher Jagdaufseher heiraten dürfe, weil auch der beste Diensteifer dann erlahme und außerdem zu befürchten stünde, daß der Jagdgehilfe eines Tages sich im Dienst seinen nächsten Verwandten gegenüberbefinde, der Jäger gegen die Wilddiebe aus eigener Familie. Das geht denn doch nicht und wegen einer solchen Heirat lasse sich der Forstmeister nicht seinen besten Jagdgehilfen verderben.

Der Franzl guckte nicht wenig bei dieser Rede, und er wüßte schon was er antworten könnte darauf, aber ein Jagdgehilfe darf doch dem gestrengen Herrn Forstmeister nicht widersprechen. So fragte Franzl zum Schluß der Audienz bloß, ob der Herr Forstmeister die Heirat erlaube, wenn er den Beweis erbringe, daß die Verwandtschaft ihn nicht von der strengsten Dienstausübung abhalten könne. „Wenn du das kannst, dann will ich den Konsens befürworten“, erwiderte der Forstmeister.

Drei Tage später lieferte der Franzl einen riesigen Pinzgauer ein, den er im Hocheisrevier abgefangen bei einem aufgebrochenen Gams. Verdutzt schaute der Forstmeister den kleinen Franzl und den Riesenmenschen mit gefesselten Händen an und dachte sich: „Ein Teufelskerl, dieser Franzl!“ Geschäftsmäßig fragte er dann den Jagdgehilfen, wer der Verhaftete sei, und trocken antwortete Franzl: „Der Bruder meiner Braut!“

„Waas?“ schrie der Forstmeister.

„Zu Befehl, Herr Forstmeister!“

Und jetzt sagte es der Forstmeister laut heraus, daß der Franzl ein Teufelskerl sei und heiraten dürfe.

Na, der Spektakel war nicht übel im Vaterhaus zu Pürzlbach. Nicht einen Kreuzer bekommt sie und verstoßen wird sie, weil sie so einen Lumpen heiraten will, der zizerlweis die ganze Familie im Gebirg wegfangt und der bayerischen Gendarmerie einliefert. Zwei Geschwisterkinder sitzen schon im Gefängnis, ein Sohn ist dieser Tage ganz infam überlistet und eingeliefert worden, wer weiß ob nicht der andere Bub und schließlich auch noch der Vater eingefangen wird. „Da dürft halt der Vater bloß nicht wildern geh'n, dann fangt ihn der Schneid-Franzl sicher nicht!“ meinte die Marie darauf, machte aber die Sache nicht besser.

„Totschlagen tu i di, wennst den boarischen Lumpen heiratst“, schrie der rabiat gewordene Bauer und warf die Tochter aus dem Haus, die ohne einen Kreuzer Geld, arm wie eine Kirchenmaus verstoßen war. Und trotzdem wollte der eine noch in Freiheit befindliche Bruder sie nicht über die Granze lassen, weil ihm die beste Rache dünkte, wenn der Franzl seine Marie nicht kriegt. Aber die Marie zeigte jetzt, daß sie würdig ist, eines schneidigen Jagers Weib zu werden. Sie pappte dem Bruder die fünf almerisch gesunden Finger in Pinzgauer Faustform recht fest ins Gesicht und gab Fersengeld. Bis der verduzte Bruder das aus der geschlagenen Nase quellende Blut gestillt hatte, war das tapfere Schwesterlein schon über der Grenze und der auf die Marie passende Franzl brachte seinen Schatz noch am selben Abend zu befreundeten Leuten nach Berchtesgaden.

Auch als Ehemann seiner Marie blieb der Franzl der scharfe Jagdaufseher und ist es heute noch. Und alle zehn Jahre wird der österreichische Steckbrief hinter ihm erneuert, so daß der Franzl nimmer über die Grenze darf.

Möge der wackere Jagdgehilfe, den kennengelernt zu haben mich wirklich freut, dessen Namen ich selbstredend veränderte, trotz Steckbrief noch eine fröhliche lange Waidmannszeit erleben!

Arthur Achleitner in Deutscher Jäger, 1893

Wia's 'n Hansjörg nach frischa Goaßmilch g'lust hat

Er ist a echta Tiroler, da Hansjörg, dös muaß ma eahm lossn, und laugnan kon ers a nöt; er is wol scho seit seine jungen Johr in Obasteir dahoam, oba ietz no, won er's Maul aufmocht, schlogt eahm da Tiroler in's Gnack. Er mocht a recht a unschuldigs Gsicht, ma sollt moan, er kon nöt bis fünfe zähln, won ma'r ihn anschaut. Oba: „Trau, schau wem," die Leut, die ihn früha kennt hob'n, die dazöhln, daß er a recht a durchtriabna Schlankl g'wen is. Ma muaß do z'letz dem erfahrnen Vastond von insern P. Senior recht gebn, und der kennt do die Welt, er is jo 88 Johr alt: „Hören Sie mir auf mit den Tirolern; was ein rechtschaffener Tiroler ist, der geht nicht aus dem Land." Und der muaß die Soch wol bessa vastehn, er is jo selba a ausgwondata Tiroler. Mein Kollega, da Bernhascht, der vasteht a wos von dö Tiroler; er wor jo vier Johr in Tirol drein. Sondabaraweis wollt er sich doscht „Weisheit und Wissenschaft" holn; — ob ar gscheita worn is, woaß i nöt, oba a Doktr is ar worn — und der sogt dos nämle, doß die Leut recht brav soant in Tirol drein, oba, moant ar, nur solang, als hinta an jedn a Geistlicha steht. Und weil holt bei ins im Steirischen nöt so viel Geistliche san, um selbst den Steirern ordentli auf d' Kappn z' gehn, so is a koa Wun'er, doß die Tiroler bei ins in koan guatn Ruaf stehn. Weil's ebn neamd hinta eahna hobn, der's ollwal a bissl stupfn tat, wern's ganz toll und mochn Seitensprüng, wia die jungen Goaßböck, bei denan's in 'd Schul gonga soan. Oba neamd dörf glaabn, daoß dös Bosheit war, es is nur die pure Unschuld, sie vastehn's nöt bessa. Oda wia kunnt denn so a groda, lamperlfromma Tiroler, wia da Hansjörg, der ietz no auf sei oltn Tag der erste auf is, Feua anhoazt, Kaffeesuppn kocht, Küh und Goaß melcht fü d' Sei und d' Weibaleut dahoam, wie kunnt denn, sog i, so a Tiroler wia da Hansjörg aus Bosheit wos anstelln? Und do is nöt ganz richti mit eahm, sogn d' Leut. Denn wia kunnt er denn sinst sechs Manat in Untasu-

chungshaft kemmen? O du grundschlechte und verlemdarischi Welt, die selbst an Tiroler, wia an Hansjörg, nöt in Ruah loßt!

Jo, oba frog i, wia kunt denn dös nur kemmen sein? Sicha ists und bleib's, doß ar vor etla und 30 Johr gach von a paar Schandarm abg'holt und eahm a Briaf vom G'richt zagt wird, aus dem eahm da Wochtmasta folgende G'schicht vorliest:

Johann Georg Soundso, gebürtig zu .... in Tirol, ledig, Holzknecht beim Stift Admont, ist des Wilddiebstahls dringend verdächtig und ist sotaner oben bemeldeter Holzknecht, wann und wo er aufgegriffen wird, anher zu liefern. Liezen, Bezirksgericht, den 22. September 18.. Sigst es, du liaba Hansjörg, dös host ietz fü dei Dummheit! Jo wia is denn die G'schicht nur kemmen? Ih wor a neugieri und hon ohn drum g'frogt und er hat ma's aufrichti b'standn a, sogt ar, wia d' Soch g'west is.

„No wissens, Hochwürden, ich bin Holzknecht g'wesa im Gstift, do drauß am Himbeerstoan im Schlog. Und wia's holt so an Holzknechtbuaba geht, der erscht von Tirol kimmt und 's Lebe im Schlog no nöt recht g'wohnt ischt, hot mi a grauslicha Ekl pockt bei'n Essa. In da Fruah Nockn mit Schmolz, z' Mitta Schmolz mit Nockn, auf d' Nocht Schmolznockn; dös soll do glei da Tuifl hole so a Koscht. Dahoam hon ich imma a Goaßmilch kriagt, und ietzund koa Tröpfle. Wonn ich nur an Raindl voll hätt! Und wia'r is holt wiada amol auf d' Nocht vor mein Laventuck trüabseli hocka tua und bold sterben möcht vor lauta B'giar noch frischa Goaßmilch, do schau, siach i bei da Mauarn a por Viaha grosa. Dös soan wahrhafti und fü gwiß Goaß, hobn Goaßhörndl und schaut akkrat so aus, wia dahoam die Goaß. A bißl schöna sans wol und bißl aners, oba i denk, es soan holt steirischi Goaß und die schaun a bißl aners aus, wia die Tiroler. Die hot mar g'wiß da liabe Hergott von Tirol g'schickt, weil ich so schön drum bet hon. I laaf g'schwind um mei Schmolzpfandl, doß ih's melche kunnt. Oba die Tuiflsviacha soant ganz wild, wiar i nur in d' Nahent kimm, san's dahin a.

Aus wor's heunt mit da frischn Goaßmilch, und d' ganzi Nocht hon i nit schlofa kinna, hot mih ollwal b'lengt noch da frischn Goaßmilch, und d' ganze Nocht hon i g'studiert, wiar i die Goaß fonga kunnt. Endli hon ihs rechte gfunda und d' ganze Nacht tramt davon. In da Fruah hon ih's schönste Fuatta z'sammklabt am Schlog, wiars eahm nur a Goaßherz wünschen kon, und in d' Hüttn einitoan und 's Salzschüssle a darzua. Aft bind i an Strick an die Tüar, ziach ihn durch a Schlupfn an dar Hüttn, und paß, bis hinein kemmen, aftn moch ich schnell zua. Jo, Schneckn! Hätt mar's so schön ausdenkt, oba nix wors damit. Solchtene Luadagoaß hon i no gar nöt gseha, nöt amol in d' Näh sans zu da Hüttn kemmen. Oft bin i eahna no nachglaafa, in da oan Hand a Fuatta, in dar anern an Salzke'n und d' Milchschüssal untern Arm. Oba die Tuifelsviacha hobn mih gor nia zubilossn.

Am nächstn Sonnta vazöhl ih's an Komeratn, wia's ma schlecht tuat mit die Luadagoaß, und der hot ma gsogt, er hätt a Pulva, wonn ma's eahna z' riachn gibt, holtn's gleich stad. Und aftn hot ar ma so a gspaaßigs Röhrle gebn von Eise und hot mar a g'sogt, wia'r i damit toan sollt. Glei am Monta will ih's probiere, moch mih mit mei Röhrle, wo's Pulva dreinsteckt, auf d' Mauarn, wo die Goaß fü' g'wöhnli soan, natürla nimm ih d' Milchschüssal und 'n Salzke'n a mit. Wiar ih oba hinkimm, pockn mih a par Jagdknecht und wiar ih's Röhrle nöt hergebe will, weil's nöt mein g'hört, haun's mi durch und dös tüchti a no, und zagn mi beim G'richt an. Freili hon i dann Auga g'mocht, wia's ma beim G'richt vazöhln, daß die Goaß — Gams san, dös Röhrle — a Büchs und i — i a Wilddiab. Herr Gott hon ih do schnell um Vazeihung gebeta, doß d' G'schicht nöt no ärga kimmt, wia's iatz schon is. Und no etlamol hobn's mih aus'n Kammerl g'holt und herumg'frogt, wia nit g'scheidt, i sollt doch b'stehn, wia d' Soch g'wescht is; oba i kunnt do 'n He'n z' Liab nöt luagn und bin bei da Wohrhat bliebe, wonn is a scho oft ganz dumm wore bin vor lauta froga. Und weil da Richta mir was aners a nit beweise kunnt, hot ar ma als Urt'l verkündt, daß d' sechs Monat Untersuchungshaft gnua Straf san für's Gamsmelcha. Dös hon i g'hobt fü' mei Dummheit, sechs Monat Arrescht und untadessn is mas Mensch untreu wore a mit dem, der ma den guatn Rat gebe hot mitn Pulva. Heunt no, sogt ar, muaß i lachn über mei Dummheit, wiar i hob Gamsmelcha welle.

Ob's ihn nocha nit mehr noch frischa Goaßmilch g'lust hot, hot ar ma neama vazöhlt.

Deutscher Jäger, 1893

Wia's an Feicht'nbauern Steffi drei Monat ei'gspirrt ham, weil eahm a Schnack biss'n hot!

Meints, meints, is dös a Kreuz und an Elend auf dera bucklat'n Welt! Fredi ganz tappi kunst d' wer'n mit lauta dene G'setza und Parigraphi, daß d' nimma wiss'n tatst, warst a Mannats oder a Weibats? Tuast d' wos d' mogst, nix'n is nöt recht! Machst d' Aug'n zua und laßt d' Papp'n hänga, hoaßt's, du bist a traamhappata Depp, ziehagst d' Papp'n auffa und machst d' Aug'n auf, na sog'n s', du waarst a ganz a Feina, Hinterkünftiga, wo's faustdick hintrn Ohrna hätt', nix redt und deut und grod umananda spekuliert, wia da Fuchs auf da Paß! War d' Welt so schö', wenn d' Leut' nöt waar'n! Aba, do kimmst recht, a jed's Wörtl drahn's da im Mäu um, wo dei Herz nöt dro denkt, und bis d' lang schaugst, ham s' da an Loda aus dir g'macht — grüaß di' God!

Sitta is's ar an Feicht'nbauern Steffi ganga!

Hängt do seit Johr und Tog a Bix bei eahm an da Wand – no, d' Hausbix eb'n –, wo is g'lod'n g'west. No, da Steffi, wo von ara Bix soviel vasteht, wia da G'moastier von ara Muschkatinuß, denkt eahm, z'weg'n den varrost'n Schuß in da Bix, wia guat's waar, bol ma den Schuß außibracht. Außischiaß'n, söll war dös afachst. Bol's aba d' Bix zreißt? Und nacha dös kracha, wo da Steffi so scheucht! Pfüat di God, söll is nix'n! Werd eahm dengascht nix'n anders nöt übri bleib'n, wia z'nachst d' Bix zon Bixnmacha im naxt'n Markt einitrog'n, z'weg'n an Außaziag'n vo' den varrost'n Schuß.

No, wia da Steffi wieda diam a wengl dawei g'habt hot, nimmt er d' Bix am Buckl und druckt si schö staad zum Hof in's Holz außa, weil's durch's Holz nächata gon' Bixnmacha g'we'n is und weil ma nöt wiss'n kunnt, wos si dea Jaga, dea Siach, glei' wieda oll's denke taat, sechat er an Steffi auf das Straß'n mit ara Bix. — Is g'rod a recht a kriminalisch hoaßa Tog g'we'n, d' Wetta ham si umanandadruckt am Himmi. Ab'nds is schö stad wor'n, und d' Muck'n san g'we'n wia da Teufi, so letz!

Wie da Steffi g'rod so a kloans „Wildsteigl" auffaschliaft, sticht eahm so an Luadaschnack ob'n nauf an da Hand, g'rod an da Wurz'n z'wisch'n an Dam' und an Zoagfinga, daß selm a kloans Schwoaßtröpfi außag'loffa is. Saxndi, denkt eahm da Steffi, wos host d' scho olls'samm g'hört vo dene letz'n Muck'nstich, so a G'viehchat hockt si auf olles hi', wos umanandaliegt in Holz d'rauß, und bol's na oan einisticht, hot ma's scho' oft g'habt, daß denselbinga dös ganz Geblüat a'g'stand'n is. Söll woaß a jed's Kind, daß ma in sittane Fäll ganz oafach dös Gift vo dem G'viehchat aus da Wund'n aussuzelt.

Da Steffi b'sinnt eahm nöt lang, hockt si' auf an Stock in da Näch' vo' den Steigl hi, legt d' Bix üba d' Knia, druckt an Daum' und an Zoagfinga z'samm, und suzelt grod, wos s' Zeug holt, daß 's grod quiachazt hot wia a Kreuzatrumpeterl. Und so hot si' da Steffi auf sein Weg durchs Holz no diam an etli Mol niedato und hot g'suzelt — bis auf oamol da Jaga vor eahm steht, eahm d' Bix ohnireckt und schreit: „Tuast'n wega dein Schiaßprügel, Lump elendiga, oder . . . ! Wart, Du Halunk, dir wer' i' s' wildln austreib'n!"

Da Steffi is nöt schlecht dakemma, aba weil er a guata Kerl g'we'n is, wo si' mit neamd'n nöt hot vofeind'n wöll'n, hot er d' Bix wegato und hot an Jaga g'frogt, z'wega wos er eahm denn so gift'n tat! Aba da hast d' nixn nöt macha kinna! „'s Maul sollt er halten, nöt muxn und — marsch mit auf's Forstamt!"

Da Jaga hot dö Bix mit den varrost'n Schuß aufklaubt, und na sans selbanda auf's Amt ganga, da Steffi ganz paff und da Jaga saugrob.

Wia bol' d'rauf dö Sach' zu da Vahandligung kemma is, wo da Steffi dö G'schicht g'sagt hot, wia s' wohr g'we'n is, daß er Bix zon' Bixnmacha trag'n hat wöll'n z'wega den varrost'n Schuß, und daß er bloß dös Gift vo' den G'viehchat ausg'suzelt hot, do

Ein gefährlicher Augenblick. Jäger und Wilderer von W. Gäbheim

hot er nöt schlecht g'schaugt, da Steffi, wos er do hot oll's hörn müaß'n.

„Oll's war dalog'n vo dem varrost'n Schuß, vom Bixnmacha, und vo den Schnacknstich! — Dös „Suzeln" tat dös hohe G'richt scho kenna! — „Schmutz'n" tat ma's jagerisch nenna, was soviel bideuten tat, wia „reizen" oda dö Klag' vo an ganz junga Hasei ausgeb'n, und wos dö verflixten Wilddiab, wia er, da Steffi, a betreib'n tat'n, diaweil s' gor guat wissat'n, dö Lumpen, daß dö Rammler – söll war'n dö mannat'n Hasen – auf döselbe „Schmutz'n" wia da Teufi daherkommat'n. – Und um damit daß der Schnackenstich recht guat vaheil'n tat, so tat des G'richt den Lumpen, den Steffi, drei Monat in's Loch steck'n!

Siehgst d' es, da host d' es, selm deratweg'n werst zu an Hallodri g'macht und ei'g'locht – bol di' a Schnack sticht!

Rudolf Zeitler in Deutscher Jäger, 1896

Ein ganz „woacher" Kerl

Kgl. Landgericht München II. Angeklagt eines fortgesetzten Vergehens des strafbaren Eigennutzes hatte sich der 50jährige Taglöhner Johann Kronburger von Welshofen zu verantworten. Er soll, ausgerüstet mit einem Zwillingsgewehr, im Wald bei Emering, Gericht Dachau, in der Zeit vom 20. bis 29. Oktober täglich ganz ungeniert gewildert haben.

Kronburger, der verschiedene Gefängnisse und Zuchthäuser absolviert hat und es mit dem Eigentum seiner Nebenmenschen gar nicht genau nimmt, verantwortete sich auf folgende, einen ungeheueren Heiterkeitsausbruch bei den Richtern und Zuhörern hervorrufende Manier:

„Herr Gerichtshof! Vom Verurteilen kann bei mir ja gar keine Red sein. Richtig bin i alle Tag 'naus zum Wald, aber net aufs Wildern, sondern um die schöne Natur zu genießen. Was glauben's denn! I kunnt gar kein Viech umbringa. I' bin außi, daß i d' Vögel hab pfeiffa hörn und hab mein Freud g'habt, wenn a Rudl Reh daherkemma is! Wem fallt denn da 's Wildern ein? I bin gar a woacher Kerl und hab no kan Floh umbracht. So iatzt kenna's mi."

Vorsitzender: „Machen Sie sich nicht so schön. Ihre Vorstrafen lassen Sie in ganz anderem Lichte erscheinen. Sie sind übrigens schon oft wegen Wilderns abgestraft und haben zu Ihren Naturgenüssen eine Doppelflinte mitgetragen."

Angeklagter: „An Zwilling? Ja, ja! Dös fallt mer grad ein, richti da hast es, an Zwilling hab i g'habt. Aber grad fallt's mer ein, den hab i g'funden und hab'n wieder naustrag'n woll'n und verstecka. Wissen's i hab mer denkt, wenn den a Wildschütz find't, hat er a narrische Freud. Wissen's, i bin a guater Kerl und hab' nur meine Freud, wenn a anderer a Glück hat. I schwärm amal für die Natur."

Vorsitzender: „Wie kommt es dann, daß ein Zeuge sagt, Sie hätten einmal auch das Gewehr geladen und zwar mit Rehposten?"

Angeklagter: „Ja Saxndi, wie kommt denn dös? Richtig, hab's schon. Schau', in dem Gewehr war schon a Schuß, und den hab i 'rauszog'n und glei' scharf geladen, damit's den Rost richti rausputzt. Das G'wehr hab' i nachher versteckt und woaß nimmer wo; i' kenn mi nimmer aus, wenn i d' Vögel pfeiffa hör. Wenn mir der Emeringerwald g'höret, i ließ mi drin begraben, aber wildern – na! So was gibt's net. Lassen's mi wieder frei, i will neamd was."

Trotzdem wurde der Naturfreund in Haft behalten und zu vier Monaten Gefängnis verurteilt. Auf die Frage, ob er sich dem Urteil unterwerfen wolle, bemerkte Kronburger: „Ja freili nehm i's an! Recht viel is's net, und wenn i wieder heraus bin, geh i nimmer in den Wald, sondern leg mi nur in's Gras. Pfüat Gott, ihr Herr'n."

Deutscher Jäger, 1884

Die Wilderer. Gravur von Grützner ▸

Ed. Grützner. 1895.

Defregger
1876.

Wilderer und Räuber in Niederbayern

Bekanntlich war im Anfang der siebziger Jahre in Donaumoos und in der Gegend von Reichersthofen, Geisenfeld, Wolnzach, Vohburg, Fürnbach, Manching die öffentliche Sicherheit in hohem Grade gestört. Gump und Gänswürger waren die Schrekkensworte für den Landmann jener ganzen Gegend.

Genannte beide hatten schon jahrelang, ehe sie zu schwereren Verbrechern wurden, den Wilddiebstahl, meistens zur Bande vereinigt, gewerbsmäßig betrieben. Die schönen Jagden des Grafen Törring in Pörnbach, dann die Jagden im Geisenfelder Forst sowie in den Geisenfeldermooswiesen waren der Haupttummelplatz ihres strafwürdigen Treibens. Seltener kamen sie in meine Jagd, den Weicheringer Forst und die Donauschütten. Doch kamen sie mitunter, besonders ein gewisser Fieger und Gump, mit welch letzterem ich im Winter von 68 auf 69 ein eigentümliches Rencontre hatte.

Wiederholt hatte ich damals erfahren, daß, besonders in meiner sehr rehreichen Schanzschütte, sonntags unter der Kirchenzeit Schüsse fielen, was mich bestimmte, dort an solchen Tagen öfters nachzusehen. Einmal war ich wieder mit drei bis vier Schützen da, um zu riegeln. Es war Winter und hatte erst nach Mitternacht eine herrliche Reu gemacht. Als ich an meine Jagdgrenze kam, traf ich von der Sandrach-Brücke her auf eine kleine Mannsspur, deren immer nach einer Seite gerichteter Tritt mir verdächtig vorkam. Nachdem ich die Schützen angestellt hatte, ging ich meinem Stande zu, einem mir wohlbekannten Wechsel.

Plötzlich sehe ich in einer Entfernung von 60 bis 70 Schritten einen vollkommen waidmännisch gekleideten, mit Gewehr versehenen Mann auf mich zukommen, so daß ich glaubte, es sei ein nachgekommener Schütze. In diesem Augenblicke aber wandte sich der Fremde um und floh über den Achsteg, dem Schusterletten zu. Mein Gewehr herunterreißen und ihm nachfeuern, auf den Rücken hochhaltend, war das Werk eines Augenblickes. Auf den Schuß zeichnete derselbe wohl gut, so daß ich glauben konnte, er sei getroffen. Über den Steg verschwand er im Schusterletten, der Anhang verhinderte jedes weitere Nachschauen.

Ich verfolgte ihn und fand auch bald Rotfärthe, schon das Geländer des Steges war rot. Der Wilderer hatte seinen Weg gegen den obern Schwaiger zu genommen, so daß ich glaubte, es sei dessen Knecht gewesen, der auch ziemlich anrüchig war. Ich verfolgte ihn jetzt nicht weiter und suchte meine Schützen auf. Als wir beisammen waren, teilte ich diesen mein Abenteuer mit. Lang, mein alter Treiber, der damalige Hirte von Weicherung, widersprach meiner Ansicht, daß es der Knecht vom obern Schwaiger sei, und sagte: „Herr Graf, das ist einer aus dem Moos, den hat der Teufel alle Sonntag herinnen. Laufen wir gleich der Sandrach-Brücke zu, vielleicht können wir ihm die Reiben noch ablaufen.“ Ich hatte meine Gründe, nicht weiter zu gehen, glaubte auch Lang nicht.

Einige Tage darauf traf ich in Ingolstadt den mittleren Schwaiger, einen braven Mann. „Wissen's Herr Graf, wer das war, auf den am Sonntag in der Schanzschütt geschossen wurde?“ – „Nein, ich glaubte es war deines Nachbars Knecht.“ – „Oh nein! Das war der Gump, der Hauptlump von allen; ich kenne ihn ganz gut, er lief ganz außer Atem bei meinem Hause vorbei, so daß ich ihn wohl erkennen konnte.“ Wie bedaure ich heute, daß ich damals keinen Pieper mit choke rifled hatte. Mit englischem Hartschrott Nr. 1 geladen, hätte ich den Burschen gewiß, vielleicht zu seinem Glücke (er war damals noch kein Verbrecher) zur Strecke gebracht.

Mein Gruß mußte Gump doch zu rauh gewesen sein, er kam

◂ *Wilderer in der Sennhütte. Gravur von Defregger*

nicht wieder. Dagegen waren er und seine Bande desto tätiger im Geisenfelder Forst, in den gräfl. Törringschen Jagden und Mooswiesen. Sie verfuhren dabei gegen das k. Forstpersonal vollkommen aggressiv. Ebenso gegen die Jäger des Grafen Törring. Sie schossen auf das k. Forstpersonal, wo sie es sahen, ohne daß sie selbst angegriffen wurden.

Derselbe Fieger, von dem ich schon sprach, wurde zu mehrjähriger Zuchthausstrafe verurteilt, weil er auf den ruhig seines Weges gehenden Forstgehilfen Haider mit der Büchse aus sicherem Versteck geschossen hatte. Die Kugel schlug hart neben Haiders Kopf in einen Fichtenstamm. Haider erkannte den davonlaufenden Fieger, so daß dessen Verurteilung herbeigeführt werden konnte. Das k. Forstpersonal war bei Ausübung seines Dienstes im höchsten Grade gefährdet. Gump, Gänswürger, der jetzt erst auftritt, Fieger, Hackner, Hailer und andere waren meistens zu länger dauernden Freiheitsstrafen verurteilt, hatten sich aber der Abbüßung dieser Strafen gewöhnlich durch die Flucht zu entziehen gewußt. Es läßt sich denken, daß ein Zusammenstoß mit solchen Strolchen, die mit Hinterladern und Zwillingsbüchsen wohl versehen waren, einen Kampf auf Leben und Tod bedeutete. Demungeachtet machte das k. Forstpersonal, an der Spitze der schon bejahrte Oberförster Ehrnthaller von Geisenfeld, seinen Dienst unbeirrt und pflichtgetreu fort, aber wirklich, wie man zu sagen pflegt, im Totenhemd. Als der Ertrag der Jagdbeute zur Befriedigung der Bedürfnisse dieser Menschen nicht mehr ausreichte, schritten sie zu Diebstahl, Einbruch und Straßenraub.

Wie die Schuld nur wieder die Schuld gebären kann, so auch hier. Bereits waren wiederholt kleinere Diebstähle und Sicherheitsstörungen vorgefallen, als ein scheußliches Verbrechen die ganze Umgegend mit Schrecken und Grauen erfüllte. Es war Viehmarkt in Mainburg; auf der Straße dahin, in einem kleinen Gehölze bei Meilenhofen, wurden drei Landleute, welche bei 400 fl. bares Geld zum Einkauf von Vieh bei sich trugen, von Gump, Gänswürger und einem dritten angehalten und ihnen das Geld abgefordert. Als sie sich dessen weigerten und sich zur Wehr setzten, schossen Gump und Gänswürger zwei von ihnen sofort tot und beraubten sie. Der dritte bat auf den Knien um sein Leben und gab sein Geld. Gump wollte auch diesen niederschießen, aber Gänswürger, dem vor der Größe des Verbrechens grauen mochte, der Stimme seines leider zu spät erwachenden Gewissens folgend, litt es nicht mit den Worten: „Es ist genug, es langt schon für heute.“ Der dritte Räuber, der noch dabei war, wurde nicht erkannt. Seine Identität konnte nie festgestellt werden; es ist nur so viel bekannt, daß es ein großer, starker Mann in den mittleren Jahren war. Der Verdacht fiel auf den höchst übel beleumundeten Hackner aus dem Moos, auf den ich später noch zurückkommen werde. Nach mehreren Wochen fand man in dem kritischen Hölzchen den Kadaver eines erschossenen Mannes, auf den, soweit es bei der vorgeschrittenen Verwesung noch zu erkennen war, die Beschreibung des dritten Räubers so ziemlich paßte. Die öffentliche Meinung glaubte, daß derselbe von Gump und Gänswürger erschossen wurde, entweder um sich einen lästigen Zeugen vom Halse zu schaffen oder weil die Räuber bei der Teilung der Beute sich veruneinigt hatten. So viel steht fest, daß bei allen später noch vorgekommenen Taten ein dritter Teilnehmer nicht mehr beobachtet wurde. Es erfolgten hierauf wiederholt Einbruch und Straßenraub, die Sicherheit war im höchsten Grad gestört, der Verkehr gänzlich gelähmt, ein panischer Schrecken lag bleiern auf der ganzen Gegend.

Von Seite der Staatsregierung geschah das äußerste, diesem

Zustande, der in unsern Tagen kaum möglich erscheint, ein Ende zu machen. Ein permanenter Untersuchungsrichter wurde in der Gegend aufgestellt, die Gendarmerie verdreifacht. Wie lange der Zustand dieser Unsicherheit wohl noch gedauert hätte, läßt sich nicht bestimmen, da geschah ein Ereignis, welcher der Sache schnell ein Ende bereitete, und zwar in der grauenhaftesten Weise.

Durch die Maßregeln, besonders durch die vielen Verhaftungen hausgesessener Personen, welche auf Befehl des Untersuchungsrichters vorgenommen worden waren, war den Räubern der Boden, auf dem sie standen, untergraben, so daß schließlich doch ein längeres Bleiben im Moos für sie unmöglich wurde. Gump und Gänswürger hatten unter andern auch in Karlskron beim dortigen Krämer ihren sicheren Unterschlupf, und die Krämerin, eine stattliche Frau, war die Zuhälterin von beiden, die alle Bedürfnisse für sie besorgte. In einer Nacht, es sollte eben wieder Streife sein, zu der der Krämer auch berufen und deshalb abwesend war, kam Gänswürger zur Krämerin, führte sie hinaus und erschoß sie, nachdem er sie vorher noch mißbraucht hatte. Hierauf legte er die Leiche in der obszönsten Weise auf den Düngerhaufen, auf der durchschossenen und entblößten Brust einen Zettel, worauf geschrieben stand, daß ihr so geschehen sei, weil sie ihre Freunde der Gendarmerie verraten habe. Noch in derselben Nacht ereilte das Scheusal die nur zu milde Strafe, gleichsam von eigener Hand.

Gump und Gänswürger waren, das Moos verlassend, noch in der Nacht nach Manching, einem großen Pfarrdorf zwischen Ingolstadt und Geisenfeld, gekommen. Dort trafen sie den ihnen sehr befreundeten, höchst übel beleumundeten Fischer Münzhuber, welcher eben in der Paar nächst der Brücke fischte. Derselbe gab ihnen auf Verlangen ein Tuch voll gefangener Fische, worauf sie ihrer Wege gingen. Wenige Augenblicke darauf hörte der Fischer einen Schuß, dem ein lautes Jammergeschrei folgte, gleich darauf einen zweiten Schuß, worauf alles still wurde. Des andern Tages fand man den erschossenen Gänswürger nahe an der Brücke der Ingolstadt-Manchinger-Vizinalstraße. Er hatte einen Schrotschuß im Rücken auf 10 bis 12 Schritte erhalten, ein zweiter Schuß war ihm durch die Schläfe in das Gehirn gedrungen und hatte, in unmittelbarer Nähe abgefeuert, den sofortigen Tod mit sich gebracht. Das Motiv zu dieser Tat Gumps dürfte in einem Akt der Rache für den an der Krämerin verübten Mord zu suchen sein, doch ist darüber Bestimmtes nie bekannt geworden.

Gänswürger hatte doppelte, neue und schöne Kleider an; sein mit Rehposten geladener Lefaucheux lag neben ihm. Im Rucksack hatte er neben Lebensmitteln und Wachslichtern Pulver und Blei in ziemlichem Vorrat, in der Tasche 18 Gulden bar.

Ich bemerke hier, daß sich beide Räuber sehr gut kleideten; bis zum Theatralischen. Sie trugen das Tiroler Kostüm: Wildschützenhut mit Spielhahnfedern, echten Gamsbart und Edelweiß, die Joppe reich mit grünem Tuche ausgeschlagen, mitunter auch lange Jagdstrümpfe mit grüner Wolle geziert; sie wollten als „wilde Jäger“ erscheinen.

Ich habe Gänswürger (dies ist nur sein vulgo-Name, sein Familiennamen ist mir entfallen) denselben Tag noch liegen gesehen; es war ein hochgewachsener schlanker Bursche mit schön geschnittenem Profil bis zur Nase, aber sein vorgeschobener Unterkiefer, aus welchem die langen Eckzähne eberartig hervorschauten, gab seinem Gesichte einen bestialischen, abschreckenden Ausdruck. Ich kannte Ganswürger sehr gut, da ich ihn als Knabe oft als Treiber und zum Aufpassen, wo die Rebhühner einfielen, benützt hatte; er ließ sich sehr gut brauchen, ich glaube, daß ein tüchtiger Jäger aus ihm zu machen gewesen wäre. Er bat mich oft, ich solle einen Jäger aus ihm machen, ich wies ihn aber wiederholt zurück mit dem Bemerken: lern ein Handwerk, das ist gescheiter. Wenn er nur meinen Hund führen durfte, war er schon ganz glücklich.

Als ich den Unglücklichen liegen sah (ich erkannte ihn auf den ersten Blick, er war kaum zwanzig Jahre alt), machte ich mir doch im stillen einen Vorwurf. Hättest ihn halt doch nehmen sollen, dann wäre es nicht mit dahin gekommen. Hinweg damit! Gänswürger lernte das Seilerhandwerk in Reichertshofen und war ein gesuchter und fleißiger Arbeiter, bis er die Bekanntschaft des Teufels Gump machte, der ihn zum Wilddiebstahl und den schwersten Verbrechen verleitete!

Die Leiche Gänswürgers wurde rekognosziert, und zu diesem Zwecke auch der dritte am Leben gebliebene Ausgeraubte beim Meilenhofener Mord herbeigeholt. Dieser sagte auf das bestimmteste aus: „Ja, das ist derselbe, dem ich damals mein Leben verdanke, Gott verzeih ihm seine Sünden!" Auch Gänswürgers Vater war von Karlskron gekommen und erkannte in der Leiche seinen Sohn. Er ließ denselben in Karlskron feierlichst begraben und ein solennes Totenamt für ihn halten. Der Pfarrer tat es; er wußte warum.

Von Gump hörte man einige Zeit nichts mehr; er war bei seiner Zuhälterin in einem kleinen, einzeln stehenden Häuschen verborgen, in Sicht des Bahnhofes von Reichertshofen. Die Gendarmerie erhielt davon Kenntnis. Der Gendarmerie-Kommandant von Hohenwart, ein äußerst tätiger und mutiger Mann, nach der Ehre, Gump allein verhaftet zu haben, und nach der großen Aufbringungsgratifikation lüstern, wartete zu seinem Unglücke trotz der Befehle des Gendarmerieoffiziers die Ankunft der herbeibefohlenen übrigen Gendarmen nicht ab, sondern ging an das Häuschen und wollte den Eingang stürmen. Gump schoß mit einem Revolver zum Fenster hinaus, verwundete den Kommandanten schwer und entfloh hierauf. Als die übrige Mannschaft wenige Minuten später kam, konnte sie nichts mehr tun, als ihren schwer verwundeten Kameraden nach Ingolstadt ins Militärspital bringen, wo derselbe seiner Wunde (Schuß in die Lunge) erlag.

Gump entfloh in die Gegend von Wolnzach, wo er seine Existenz, in einem hohen Getreidefeld verborgen, fristete. Bei einem Versuche, sich Lebensmittel in Wolnzach zu kaufen, wurde er erkannt – von einem kräftigen Bindergesellen erfaßt und so heftig zu Boden geschleudert, daß er, ohne weitere Gegenwehr zu versuchen, gebunden der hinzugekommenen Gendarmerie übergeben werden konnte.

Gump wurde auf Befehl des Untersuchungsrichters nach München in die Fronfeste gebracht, wo er der Lungensucht erlag, die er sich jedenfalls durch seine Lebensweise geholt hatte. Als er verhaftet wurde, war er schon krank, sonst wäre es schwerlich so leicht gegangen. Er war von Gestalt sehr klein, unter dem Militärmaß, aber außerordentlich breitschultrig und muskulös. Mit seiner Verhaftung hörte jede weitere Sicherheitsstörung auf; er starb, ohne irgend ein Geständnis gemacht zu haben. Keinen seiner Helfer und Komplizen verriet er; auch den dritten Räuber beim Meilenhofener Raub nannte er nicht. Man erzählt sich, daß er, als er nach seiner Verhaftung auf den Wagen geschlossen war, zu dem hinzutretenden Gendarmerieoberleutnant Breyer sagte: „Ich bin froh, daß jetzt a Ruh ist; ihna mit ihrem breiten Buckel hätte ich bei ihren Streifen leicht naufschießen könna, ich hab aber nicht gewollt."

Die Sicherheitsstörungen hatten allerdings mit der Verhaftung Gumps ihr Ende erreicht, keineswegs aber der Wilddieb-

Die Wilderer. Nach einem Gemälde von A. von Wierusz-Kowalski

stahl. Mein mit Rehen überhegtes Jagdrevier Grunau und Weichering hatten darunter besonders zu leiden. Meine Bemühungen, dem Übel zu steuern, waren umsonst. Um diese Zeit hatte ich als Jäger einen gewissen Schwab aufgestellt, seines Zeichens ein Schreiner, der leidenschaftlichste Jäger, der mir je vorkam. Ein wahrer „Jäger Unverdrossen". Die böse Welt munkelte, daß er früher selbst ein bißchen gewildert habe. Ich behandelte diesen Schwab mehr als Freund, denn als Diener, wodurch er mich leidenschaftlich lieb gewann und mir mit wahrer Selbstverleugnung diente und anhing. Oft, wenn ich mit Schützen den ganzen Tag gejagt hatte, ging er noch auf den Anstand und Entenfall, einen reichlichen Imbiß und Trunk ausschlagend. Er ließ sich dann absolut nicht irre machen, selbst einem Befehle gehorchte er kaum: „Ich kann nicht, ich kann nicht, ich muß hin, ich muß hin", war seine Antwort. Dabei hatte er einen Grad von Mut und Todesverachtung, wie er mir noch nie vorgekommen ist. Folgender Vorfall möge dies beweisen.

Wie ich bereits erwähnte, war meine Jagd, besonders der südlich gelegene Niederforst, sehr von Wilddieben heimgesucht. Ein gewisser Hackner, derselbe, welcher schon bei Gump und Gänswürger kompromittiert war, hatte auf der Kunstmühle in Stockau einen Einbruch verübt und war auf der Flucht erkannt worden. Hackner wurde von der Gendarmerie hart verfolgt, aber auch ohne Erfolg. Dieser Hackner war ein wahrer Enaks-Sohn, von kolossaler Größe und enormer Stärke, über und über mit roten Haaren bedeckt.

Eines Tages nun ging Schwab abends wohlgemut in sein Revier. Als er auf einem schmalen Richtweg so dahin ging, sah er plötzlich, hinter einem Eichenstamm versteckt, ein dichtes Gebüsch vor sich, auf Schußweite den Hackner stehen, mit dem angelegten Gewehr auf ihn zielend.

Ohne nur mit einer Wimper zu zucken, mit dem Gleichmut und der Selbstbeherrschung eines Indianers, ging Schwab seines Weges, bis er die gefährliche Passage hinter sich hatte. Dann sprang er rasch hinter einen am Wege stehenden Baum und rief Hackner an. Dieser aber rührte sich nicht. Die beiden blieben, einander beobachtend, so lange stehen, bis es vollkommen Nacht war, dann ging jeder seiner Wege.

Schwab machte mir über den Vorfall Meldung mit dem Bemerken, daß ich bald von ihm hören werde. „Entweder sterbe ich über der Erfüllung meiner Pflicht, oder ich bringe Hackner auf – tot oder lebendig!" Vergebens war mein Abreden, wegen ein paar Rehen sein Leben zu riskieren, er ließ sich absolut vom einmal gefaßten Beschluß nicht mehr abbringen.

In diesen Tagen geschah es nun, daß die Gendarmerie wieder nach Hackner fahndete. Es war derselben vom Hirten von Weichering verraten worden, daß Hackner bei Nacht kommen werde, um bestelltes Fleisch und Brot zu holen. Die Gendarmerie lauerte die ganze Nacht umsonst, wahrscheinlich war Hackner vom Hirten selbst wieder gewarnt worden, genug, der Erwartete kam nicht. Als es zu grauen begann, es war Anfang Juni, ging die Gendarmerie zum obern Wirt, um ein paar Stunden zu ruhen. Nicht so Schwab, der eiserne, welcher, die Gendarmerie unterstützend, dieselbe begleitet hatte. Er ging nur nach Hause, um seine Vorbereitungen zu treffen, überzeugt, daß sein Wild doch noch komme. Schwab zog einen alten Soldatenmantel an, setzte einen alten Filz auf und hing einen sogenannten Vorfleck um, ein Stück blauer Leinwand, welches von den Füßen bis zum Hals hinaufreicht. Unter denselben hing er sein „Schneidzeug", wie das Ding der Jäger so gerne heißt, an einem Knopfe befestigt. Zu gleicher Zeit nahm er auf die Schulter eine Kartoffelhaue, so daß er einem Bauer, der sein Feld bestellt, glich.

Schwab stellte sich am Ausgang des Dorfes an der Straße hinter einen Pappelbaum, so daß er alles, was aus dem Niederforst und dem Lichtenauer Holz kam, vollkommen übersehen konnte. Meinen Feldstecher hatte er zur Hand.

Gar nicht lange stand er, als schon ein Bursche aus dem Wald trat und auf dem nächsten Weg über die Felder auf das Dorf zueilte. Schwab erkannte in ihm einen arbeitsscheuen Burschen aus Lichtenau. Herangekommen herrschte er ihn mit einem „Wohin des Weges" an. „Vom Kammerfenster". Damit wollte der Bursche wieder umkehren. Schwab litt es aber nicht und scheuchte ihn mit der Drohung, ihn als Nachtschwärmer der Gendarmerie zu übergeben, nach Weichering hinein. Der Bursche erschrack und schlich sich still davon. Kaum war derselbe fort, so erschien am Saum des Holzes eine zweite Gestalt auf demselben Weg, Weichering zugehend. Ein Blick durch den Feldstecher, richtig, es war der Erwartete! Offenbar hatte derselbe den Burschen als Aufklärer vorangeschickt und glaubte sich vollkommen sicher, als derselbe nicht mehr zurückkam.

Nachdem es schon ziemlich Tag geworden war, glaubte Schwab besser zu tun, wenn er seinem Feinde entgegen ginge. In einem Kartoffelfeld neben dem Weg, den Hackner ging, fing Schwab zu arbeiten an, sich so stellend, daß er diesem den Rücken zuwendete. Als Hackner bei ihm vorbeiging, sagte er: „Fleißig, fleißig, schon so früh." – „Ja, was halt sein muß." Damit war Hackner vorüber.

Jetzt glaubte Schwab den rechten Augenblick gekommen. Rasch sein gutes Gewehr hervorziehend, zu gleicher Zeit die Hacke wegwerfend, rief er dem Hackner die Worte zu: „Halt, Lump! Jetzt hast du verspielt, jetzt gehörst du mein!"

Hackner sprang, wie von einer Natter gestochen, tischhoch in die Höhe und wollte sich sogleich auf Schwab stürzen. Dieser

hielt ihm das gespannte Doppelgewehr vor, mit der Drohung, daß der nächste Schritt sein Tod sei. Nun verlegte sich Hackner aufs Bitten, natürlich umsonst. Endlich stellte er sich, als ob er sich seinem Schicksal ergebe und ging ruhig vor Schwab her, Weichering zu. In der Nähe des Mühlbaches, nahe der Schleuse, kehrte sich aber Hackner pfeilschnell um, sich auf Schwab stür-

zend, in der Hoffnung, er könne ihn fassen und in seinen Riesenarmen erwürgen. Schwab war aber nicht zu überraschen, er hatte dies wohl erwartet. Schon kracht sein Schuß und zerschmettert dem Räuber den Fuß, hart unter dem Knöchel an der Fußwurzel, gerade da, wo alle Flachsen und Knochen zusammenlaufen.

Hackner drehte sich wirbelnd um die eigene Achse und stürzte, gerade hinausbrüllend, zu Boden. Zweimal noch machte er den Versuch aufzukommen, aber es war umsonst. Vom heftigsten Schmerz gepeinigt, bat er, sich nur bis zum Mühlbach schleppen zu dürfen, damit er seinen Fuß in das Wasser hängen könne. Nachdem der Bach nur drei bis vier Schritte entfernt war, gab Schwab dies zu. Aber auch jetzt verließ Hackner der Lump nicht; er machte sich an seinem Fuße zu schaffen und versteckte zugleich seinen Revolver in's hohe Gras, denselben in den Sumpf des Ufers drückend. Dort fand ihn Schwab, der Verdacht geschöpft hatte, später.

Bald kamen Leute, Torfbauern und andere, auf der nahen Straße daher, welche die Gendarmerie und ein Fuhrwerk holten. Die Gendarmerie war angenehm überrascht und führte ihren Arrestanten unverweilt nach Neuburg ab. Dort kam er, da eine Flucht nicht denkbar war, zu den barmherzigen Brüdern in das Spital. Dank deren unvergleichlichen Pflege kam er, obwohl schon aufgegeben, mit dem Leben, selbst ohne Amputation, davon, doch blieb er ein Krüppel. Es ist überhaupt wunderbar, wie leicht die Wunden solcher Lumpen heilen. Der Kommandant von Hohenwart dagegen hat sterben müssen. Vor Gericht gestellt, erhielt Hackner 12 Jahre Zuchthausstrafe. Wie ich höre, ist er im Zuchthaus gestorben.

Ludwig Graf von Froberg-Montjoye in Deutscher Jäger, 1881

I bitt' um Freisprechung

Der Knall eines verdächtigen Schusses, der am 10. September v. Js. nachmittags im Wald bei der Ruine Hohenwaldeck bei Schliersee im Jagdgebiet des Herzogs Carl Theodor fiel, lockte den eben auf dem Wege nach Fischhausen befindlichen herzoglichen Jagdaufsseher Kothofer an. Er ging der Schallrichtung nach und traf schließlich den 18 Jahre alten Dienstknecht Josef Bamer von Oberleiten, Gemeinde Schliersee, in sehr verdächtiger Stellung an. Er versicherte sich dessen Person und fand unter dessen Rock versteckt einen Kugelstutzen, dann in der Rocktasche einen falschen Bart und ein Fernrohr. Bamer versuchte dem Kothofer einen Bären aufzubinden, indem er ihm vormachte, er sei von seiner Bäuerin in den Wald zum Beerensuchen geschickt worden. Plötzlich habe in seiner Nähe ein Schuß gekracht. Er sei der Richtung nachgegangen und habe einen Mann davonlaufen sehen. An einem Baume angelehnt, habe er dessen Gewehr und daneben den falschen Schnurrbart gefunden. Das Fernrohr sei sein Eigentum. Diese faulen Ausreden nützten ihm aber nichts. Bamer stand, wie wir der „A. Abendz." entnehmen, am 24. Februar wegen Jagdvergehens vor der Strafkammer des kgl. Landgerichts München II. Hier erzählte er dem Gericht dasselbe Märchen, worauf der Vorsitzende bemerkte, ob er denn das Fernrohr zum Beerensuchen gebraucht habe. Es wurde des weiteren konstatiert, daß Bamer unmittelbar nach seiner Vorführung vor der Gendarmerie zu seinem Vater nach Hause gelaufen war und diesem, um für alle Fälle gesichert zu sein, erzählt hatte, er habe im Walde beim Beerensuchen ein Gewehr gefunden. Als er daselbe an sich genommen habe, sei ihm der Schuß losgegangen. Bamer schmückte seine Verteidigung des weiteren dahin aus, er habe das Gewehr deshalb an sich genommen, damit der unbekannte Eigentümer nicht weiter wildern konnte. Er habe es dann deshalb unter dem Rocke versteckt, damit, wenn der Wilderer ihm allenfalls begegnen sollte, dieser es nicht sehe und ihm nichts tue. Staatsanwalt Dr. Jäger beantragte drei Monate Gefängnis. Als der Vorsitzende den Angeklagten fragte, was denn er für einen Antrag zu stellen habe, erwiderte Bamer: „I bitt' um meine Freisprechung wegen meiner Jugend und meines ungetrübten Leumunds." Darauf aufmerksam gemacht, daß dies nicht Freisprechungs-, sondern Strafmilderungsgründe seien, meinte Bamer: „I bitt um Freisprechung, weil auch keine genügenden Beweise vorhanden sind." Das Gericht würdigte diesen Antrag, indem es den Angeklagten zu einem Monat Gefängnis verurteilte.

Deutscher Jäger, 1902

Wildererbanden im Bayerischen Wald

Mit gerechter Freude haben seit einer Reihe von Jahren die hegenden Waidmänner des bayerischen Waldes ein starkes Emporblühen ihrer Reviere konstatieren können. Im gleichen Maße ist das Wildererunwesen zu einer unglaublichen Höhe gediehen. Gewerbsmäßig und bandenweise, durch allerorten vorhandene Hehler unterstützt, treibt die gesetzlose Gesellschaft ihr Unwesen. Pflichttreue Gendarmen und Jäger stehen der Seuche fast machtlos gegenüber, wenn sie nicht von der Bevölkerung einigermaßen unterstützt werden.

Zur Ehre der meisten grundbesitzenden besseren Waldlerbauern sei es gesagt, daß dieselben dem gesetzwidrigen rohen Treiben mißbilligend gegenüberstehen. Aber — und das ist der wunde Punkt — die Leute sind terrorisiert im höchsten Grade. Der Besitzer eines einzelnen Gehöftes sollte es nur wagen, einen vigilierenden Gendarm oder spürenden Jäger aufmerksam zu machen, daß da und dort ein Fang zu machen sei, er kann Gift darauf nehmen, daß ihm nachts der treue Hofhund verendet, eine Kuh oder ein Pferd fällt oder gar eine Ladung Posten und Hackblei zum Fenster hinein und der rote Hahn aufs Dach fliegt.

Wer die Verhältnisse im Bergwald nicht kennt, der wird sich vielleicht denken, die Sache sei so arg nicht, das wären ja Zustände für Afrika oder die Indianergrenze passend. Aber, Teufel auch, es ist so, und die Wildererverhandlungen der letzten Zeit haben es bewiesen und werden es noch beweisen. Leider werden die krassesten Fälle in den Lokalblättern gewisser Parteischattierungen aus leicht zu erratenden Gründen nicht ausführlich gebracht. — Hinterlistige Angriffe auf Gendarmen, die wegen der unpraktischen Uniformierung besonders gefährdet sind, ferner auf diensteifrige Jäger und Grenzer mehren sich allerorten, und man darf sich nicht wundern, wenn die Besitzer der grünen Röcke allmählich höllisch scharf werden und Patronen und blanke Waffen locker sitzen lassen. In einigen Revieren bei W. an der österreichischen Grenze wurden beispielsweise seit mehreren Jahren die Rehreviere von einer Wildererbande, die größtenteils aus Bauernknechten bestand, in grauenhafter Weise verheert. Die Frechheit dieser Kerle überstieg alle Maße.

Es ist vorgekommen, daß der Besitzer einer zirka 12.000 Tagwerk großen Jagd, welcher in Begleitung des Revierjägers seine Jagd beging, von einer Bande Wilderer – er zählte 16 Mann – einfach heimgeschickt wurde, mit der Drohung, im Weigerungsfalle oder bei versuchtem Widerstand sofort erschossen zu werden. Der sehr schneidige Mann mußte der Übermacht weichen und sich zähneknirschend nach Hause begeben.

Besonders berüchtigt war ein Häusler Namens Glocks-Maxl, welcher sein „sauberes Handwerk" jahrelang betrieben hat, bis er infolge Mordversuchs an einem Grenzer 10 Jahre Zuchthaus und vom Landgericht P. drei Jahre Gefängnis wegen Wilderns erhielt. Die Bestie in Menschengestalt hat jedoch die Haft bloß 9 Monate ausgehalten und ist dann an Auszehrung gestorben. Er hat sich öfters geäußert, daß er denjenigen Jäger kaltmachen würde, der sich unterfinge, seinen Hund beim Jagen zu erschiessen. Es war das eine jener hochstämmigen Bracken, die das Wild stunden- und tagelang hetzen und immer wieder bringen. Nach eigener Aussage hat Glocks-Maxl viele hundert Rehe erlegt und weite Raubzüge in andere Reviere unternommen. Seine Kameraden und Schüler sind es, die jetzt den Jägern in den dortigen Revieren sehr zu schaffen machen.

Deutscher Jäger, 1898

Wilderer und Wild. Erwin Henry Landseer

Einer vom alten Schlag

Eine Prachtgestalt von einem Forstmann war der Förster J. in A. Sechs Schuh hoch, stark gebaut wie ein Eichenheister, war er mit seinen muskulösen Armen, die einem Frevler im Bedarfsfalle den Unterschied von mein und dein auch äußerlich recht wohl fühlbar machen konnten, eine respekteinflößende Persönlichkeit. Die kühnblickenden dunkeln Augen unter der breiten Stirn, glänzendweiße Zähne in dem kräftigen, von einem wohlgepflegten Schnauzbart beschatteten Munde, um den bei allem Ernst doch immer ein Zug von Schelmerei spielte, vervollständiten das Bild des urkräftigen Mannes nach der idealen Seite. Wenn er im Eifer der Erzählung mit derber Handbewegung seinen Worten Nachdruck verlieh und dabei die Augen funkeln ließ, dachte ich mir oft: Dir möcht ich auch in deinem Revier auf verbotenem Wege nicht in die Hände laufen.

Schon bald nach seiner Versetzung in unsere Gegend – er war vorher im Oberland stationiert gewesen – war es seiner unausgesetzten Wachsamkeit gelungen, den Wald, sein alles, wie er sagte, von den gröberen Zugriffen frevelnder Hände zu säubern. Seinem Scharfblick entging kein Stock, und wenn er auch noch so sorgfältig mit Moos zugedeckt wurde. Die Stock-Abschnitte gefrevelter Stämme trug er wochenlang mit sich im Rucksack herum, um sie bei der Hand zu haben, wenn er zum Schrecken der Sägmühlbesitzer unter den aufgelagerten Blöchern „fürchterliche Musterung hielt“. „Die Leute sollen ihre Zaunstecken kaufen, nicht bloß mitgehen lassen“, meinte er, „und die Hanicheln wolle er schon selber herausschaffen, dazu brauche er keinen.“ Seine Allgegenwart im Forst bei Tag und Nacht, am Feiertag wie am Werktag, seine genaue Orts- und Bestandskenntnis waren Anlaß zu allerlei Legenden. „Der kennt alle seine Bäum’“, hieß es. Am weitesten verbreitet war folgende Sage: „Im Oberland ist der Forschtner grad so harb auf d’ Wilderer gwesen. Aber amal da hat’s eahm halt dengast gfahlt. D’ Wilderer sand die mehrern gwesen und hab’n ihn an a starks Feichtl anbunden und aufischnelln lassen. Grad hat’s halt no g’reicht, daß ihn a alts Weiberl beim Schwammerlsuchen g’funden und abg’schnitten hat, sunst wer’s eh g’fahlt g’wesen. Aber amal wird er’s schon wieder erleben.“ – So fügte mancher hoffnungsfreudig hinzu. Der Förster konnte über den Unsinn herzlich lachen. Aber er tat bei Leib nichts dazu, um diese Schauermär zu berichtigen. Der Schlaukopf dacht etwa wie jener römische Kaiser: „Oderunt, dum metuant.“ (Mögen sie mich hassen, wenn sie mich nur fürchten) Und er fuhr ganz wohl dabei.

Von den Wilderern ging er den Schlingenlegern arg zu Leib. Sein offenes, ehrliches Wesen hatte einen instinktartigen Widerwillen gegen diese Sorte von Wilddieben, und er fand nicht Worte genug, um seinen Abscheu auszudrücken. „Ist mir leicht eine Natter im Bett nöt so zuwider, wie so ein Spitzbub; grad ordentlich beutelt’s mich ab, wie wenn ich a Kreuzspinn verschlukken müßt, sobald ich so einen Tropfen erwische.“ So versicherte er mir oft.

Nach langem fruchtlosen Lauern hatte der Förster einen Schlingenleger endlich doch noch erpaßt, auf der Tat betreten und zur Anzeige gebracht. In der öffentlichen Strafgerichtssitzung leugnete nun aber der Beschuldigte hartnäckig. Er verschwor sich hoch und teuer; nur von weitem habe er das Ding – das Wort Schlinge kam nicht aus seinem Munde – gesehn, und „das Tierl drin“ – auch der Hase schien im unbekannt – „grad auslassen woll’n, weils eahm halt gar so dabarmt hat, und iatz ist halt grad der Herr Forschtner zuwar kemma.“ – Als darauf der Förster als Zeuge hereingerufen und von der Aussage des Beschuldigten verständigt war, da kochte es gewaltig in ihm. „Also grad auslassen hat er dös Tierl woll’n“, beginnt der Förster, und

ein Blick voll Verachtung und Ingrimm streift den auf der Anklagebank sitzenden. „Gnaden Herr Landrichter! Drei Tag hab ich paßt, und nit kommt der Lump. Jetzt am vierten Tag seh ich ihn daherkomma; wie a Fuchs ist er daher g'schlichen auf die Strumpfsöckeln. Jetzt ist er heran. Koan Schnaufer tu ich mehr in meinem Busch. „Hab i di, Manderl, sagt er, und ziagt's Haserl außer. Ich mit ein Sprung . . . ." – „Nöt wahr ist's," ruft da der Beschuldigte laut dazwischen. Aber im Augenblick hatte ihn auch schon die Eisenfaust des Försters am Rockkragen erfaßt und herumgedreht, und ihm in's Gesicht schreiend sagte der Förster: „Hab ich di Manderl, so hab nachher i gsagt; ist's nöt wahr?" — Lautlos knickte der Angeklagte auf die Bank nieder. — „Nichts für ungut, Gnaden Herr Landrichter und Herr Staatsanwalt. — Könnt' mich die Bande giftig machen!"

Der Landrichter, selbst ein alter Nimrod, schmunzelte etwas; aber bald hatte er seinen richtermäßigen Ernst wieder gewonnen und den Förster mildiglich zurechtgewiesen. Der Angeklagte aber war völlig zerknirscht. Auf die Frage des Landrichters, ob er etwas gegen die Angaben des Försters zu erinnern habe, schüttelte er stumm den Kopf. Einer solch handgreiflichen Beweisführung war sein Leugnen nicht gewachsen.

Deutscher Jäger, 1892

Ertappt. Gezeichnet von W. Gäbheim

Aus der Heimat des Jennerwein

Von den Wilderern. Diese Rubrik wird wohl eine stehende in den Jagdzeitungen bleiben müssen. Noch ist das Dunkel über dem Mord des Brayschen Jagdgehilfen bei Murnau nicht gelüftet – „da kommt auch nichts auf", sagte man uns allgemein, als wir jüngst an Ort und Stelle waren –, und schon kommt ein gleicher Fall aus Schliersee zur Kenntnis. Der dortige Jagdgehilfe Th. Loidl ist am 30. September von Wilderern erschossen worden. Er hat einen Kugel- und einen Schrotschuß erhalten, von denen der erstere unbedingt tödlich war und den Lungenflügel durchbohrte. Beide Schüsse wurden aus ziemlicher Nähe abgefeuert, wie sich denn in dem Schußkanal der Hauptwunde, die eine aufwärtsgehende Richtung zeigte, noch ein Papierpfropfen vorfand. Man nimmt an, daß Loidl, an dessen Seite bei der Auffindung am Tatort – ungefähr zweihundert Schritte von der Stockeralm und der Spitzingstraße entfernt – ein aufgebrochener Spießhirsch lag, die Wilderer beim Hinwegschaffen des Hirsches überraschte und daß er, während er den einen festhalten wollte, von einem andern niedergestreckt wurde. Loidl, ein äußerst kräftiger Mann in den besten Jahren, tat sich viel auf seine Körperkraft zugute und soll öfters geäußert haben, er werde auf keinen Wilderer schießen, sondern sich dieselben fangen. Mit welchem Erfolg, sieht man jetzt; hätte Loidl gefeuert, so lägen die Lumpen im Blut, nicht der pflichtgetreue Jäger. Der Täterschaft verdächtigt, sind in diesem Falle wenigstens schon zwei berüchtigte Wilderer gefänglich eingezogen worden. –

Deutscher Jäger, 1881

Landgericht München II. Am 30. September v. J. wurde in der Nähe von Schliersee der Forstgehilfe Th. Loidl von Wilderern erschossen und in Folge hievon die im Rufe als Wilderer stehenden Holzarbeiter Georg Meindl, 33 Jahre alt, Korb. Harbacher, 37 Jahre alt, und Th. Maier, 24 Jahre alt, sämtlich in Schliersee, gefänglich eingezogen. Sämtliche Angeklagten leugnen, nur Meindl gibt zu, einen Rehbock geschossen zu haben. Nur durch Denunziation eines Taglöhners Immler, welcher den Meindl den Jägern in die Hände lockte, gelang es, bestimmte Reate festzustellen. Immler, als Zeuge vernommen, gibt an, daß ihm Meindl im Falle seiner Verurteilung gedroht habe, ihn, Immler, auf 50 bis 60 Stunden aufzusuchen und zu erschießen. Meindl, ein sehr gefährlicher Wilderer, hat oftmals in Wirtshäusern geäußert, daß er jeden ihm begegnenden Jäger niederschiesse; auch hat derselbe in einer Münchener Zeitung Spottverse auf den Jagdgehilfen Federl veröffentlicht, weil dieser nach Meindls Aussage im Jahre 1877 den Wildschützen Jennerwein von rückwärts erschossen habe. Daß sich die Wildschützen bei unserer Gebirgsbevölkerung eines gewissen Ansehens erfreuen, ist bekannt, weniger bekannt aber dürfte sein, daß sie sogar gleich hohen Persönlichkeiten geehrt werden; so war es nach der im Jahre 1877 durch Jägerhand erfolgten Tötung des gefürchteten Wilderers Jennerwein in der Gegend von Miesbach und Schliersee Mode geworden, das Bildnis des Jennerwein auf Pfeifenköpfen und Biergläsern zu führen.

Deutscher Jäger, 1881

Schwurgericht München. Am 28. April l. J. beschäftigte das Schwurgericht der als Notiz in diesen Blättern seiner Zeit erwähnte Fall, daß der im Dienst Sr. k. Hohheit Herzog Karl Theodor stehende Jagdgehilfe Unterleitner in Rottach bei Tegernsee durch Wilderer schwer verwundet wurde. Der Sachverhalt ist kurz folgender: Am Sonntag den 16. September 1883 hörte der in der Nähe der Bodenalpe sich befindende Jagdgehilfe Unterleitner in der Richtung des Peißenberges vormittags 10 Uhr einen verdächtigen Schuß. Nach einiger Umschau gewahrte Unterleitner einen durchs Latschenfeld pürschenden Burschen und einige 30 Schritte hinter demselben zwei weitere, ebenfalls mit Gewehren ausgerüstete Wilderer. Unterleitner suchte sofort sich den Wildschützen zu nähern und rief sonach auf ca. zehn Schritt Entfernung die drei Gesellen an. Dieselben legten sofort ihre Büchsen auf den pflichteifrigen Jäger an und kamen ihm auch zuvor. Unterleitner hörte den Ruf: „Schieß'n affi den Hund", und gleichzeitig krachten mehrere Schüsse, welche denselben sofort niederstreckten.

Unterleitner hatte noch so viel Kraft, seinerseits auch noch einen Schuß abzugeben, worauf die durch geschwärzte Gesichter vermummten Wilderer Reißaus nahmen. Der in Brust, Arm und Schenkel durch Posten schwer verletzte Jäger konnte sich noch bis zum Valeper Sträßchen weiterschleppen und wurde von dort weitergebracht.

Als Täter wurden ermittelt und nach einigen Tagen verhaftet M. Wierer, lediger Taglöhner von Stummenberg bei Fügen in Tirol, Kaspar Gaisreiter, lediger Taglöhner von Lenggries, und Josef Stoib, lediger Bauernknecht von Rottach. Wierer und Stoib waren mit Büchsflinten, Gaisreiter mit einem Wender ausgerüstet. Die drei Wilderer hatten den Jäger schon früher entdeckt, als er ihrer ansichtig wurde, und setzten sich so gewissermaßen in Verteidigungsposition, ohne an eine zu der Zeit noch mögliche Flucht zu denken. Die gemslederne Hose, ein Blechspiegel, Tabaksbeutel und Pfeife, welche Unterleitner trug, waren durch Posten zerschossen, und diesem Umstande mag wohl Unterleitner, der übrigens noch sehr leidend am Stock im Gerichtssaal erschienen war, sein Leben verdanken. Unterleitner ist ein pflichteifriger, braver und geschätzter Jäger, wir wünschen nur, daß ihm die Affaire keinen bleibenden Nachteil zugefügt haben möchte.

Der Gerichtshof sprach, wie nicht anders zu erwarten, ein „Schuldig" aus, und demnach wurden sämtliche drei Wilderer mit ergiebigen Strafen bedacht. Wierer erhielt elf Jahre und einen Monat Zuchthaus, Gaisreiter ebenfalls nebst zehnjährigem Verluste der bürgerlichen Ehrenrechte, während Stoib mit drei Jahre und einen Monat Gefängnis bedacht wurde, weil ihm nicht nachgewiesen werden konnte, ob er im kritischen Momente auch Feuer gegeben hatte. Somit sind diese Herren Jagdliebhaber auf einige Zeit versorgt und können an der Erinnerung an diese Morgenpürsche etwas zehren, ein guter Denkzettel für Gleichgesinnte!

Deutscher Jäger, 1884

Blutige Weihnacht

Kalt ist's, Vollmond hat's, der Schnee leuchtet – eine Nacht, wie sie die Hasen gern haben, wenn sie das Saatfeld annehmen. Aber wer wildern will, dem paßt's auch, denn der dunkle Has auf dem weißen Schnee ist ein leicht Treffen.

Da sitzt der Metzgerhans bei sei'm Weib und den sechs Kindern am Tisch, die Abendsuppen, der „Kaffee", wie sie's heißen, ist verzehrt, und sie wischen eben den Löffel ab, und ein jedes steckt ihn unter den Tisch in die Lederspang.

Ein bißl nachdenklich ist der Metzgerhans und schaut dabei immer ins Eck, wo ein „Zwilling" neben dem alten, vergilbten Rucksack hängt.

Da sagt sein Weib: „Willst vielleicht gar heint no auf d' Jagd? Bist von in der Herrgottsfrüh bis nachmittag no ned müd gnua worn? Geh, bleib dahoam!"

„Was kannst machen?" sagt er drauf. „Bald ma zahlt wird dafür, muaß ma a auf d' Sach schaun und ma hat sei' Pflicht."

„Freili', freili'", meint sie drauf, „aber gar so abrackern brauchst di doch net."

Der Metzgerhans ist aufgestanden, hat die Schlappen untern Ofen g'stellt und die Stiefel angezogen, bei ihm immer ein Zeichen, daß kein Einreden mehr hilft. Dabei sagt er: „Woaßt, Nanni, für uns arme Leut war's immer ein Glück, daß mi die Jagdpächter, die Stadtherrn, zum Aufseher g'macht ham. Die Gröscheln tun uns guat. Morgen wird zum erstenmal auszahlt, da g'freu di drauf!"

„Daß d' ma aber nit zu nah ans Wirtshaus hinkommst beim Geldhoamtragen. Woaßt, Hansl, oamal reißt's die eini", gibt sie ihm zur Antwort. Aber er schüttelt ganz energisch den Kopf: „Alte, die G'spaßeln vergenga oam, wenn ma a Weib und sechs Kinder hat und d' Kuah verreckt is. Da hoaßt's z'sammahalten!"

„I hon ja nur so gmoant", sagt die Nanni begütigend.

Derweil hat sich aber der „kloan Hansl", ein fester Bub von fünf Jahren an sein' Vater g'macht, hebt ihm den Rucksack hin, blinzelt mit seinen blauen Augen und sagt ganz diplomatisch: „Gel, Vata, wennst a Geld hast, nacha gibst dem Christkindl a oans. I glaub sowieso, es mog uns nimma. Oder is eppa gar geizi' worn, weil's scho a etli Jahr allweil bei uns vorbeigeht?"

Da hat der Hansl nicht g'lacht, aber an seine Schulden hat er denkt, an die Steuern und Abgaben und was noch mehr so z'widere Sachen sind. Ganz ähnlich ist's auch der Nanni gangen, nur daß sie nebenbei noch zerrissene Hosen und Röckerl, g'flickte Hemderln und den leeren Stand g'sehn hat, in dem vorig's Jahr noch die „G'scheckert" g'standen ist. Wie aber der „kloa Hansl" gar so anhabig war und gar so g'schaut hat mit seine Augen und die G'schwisterl auch so vertraulich auf den Vater g'schaut habn, da hat der Alt' g'sagt: „Ja, Büberl, heut kommt's Christkindl!" Da war ein Schreien und Juchzen, daß sich d' Muatter die Ohr'n zug'halten hat.

Der Metzgerhans tritt derweil zur Tür hinaus und geht seiner Weg. Er richt' sich so ein, daß er möglichst ungesehen an das Kapellerl kommt, das an der Sempt-Brücken steht, grad da, wo der Weg vorbeigeht, der sich vom Moos herzieht.

„Das ist der beste Platz zum Hasenschießen", denkt er sich. „Is scho oft vorkemma, daß sich die Lumpen neigstellt ham zum heiligen Leiden Christi und ham d' Hasen derschossen, die vom Wald und Moos übers Brückerl g'wechselt haben. A so a Viecherl is ned dumm, woaß a, wo's sich am besten marschiert. Nasse Hax'n mögen s' ned." Wie er das denkt, lacht er, denn a nasser Has is ihm alleweil komisch vorkemma.

Unterdes is er so auf fünfzehn, achtzehn Schritt an die Kapelln hinkommen.

„Heut bin i fruah dran", denkt er sich, „heut hat die heilige Ka-

pelln no koan unrechten Hausherrn. Aber so um a zwölfe rum kunnt's freili anders sein."

Aber da leuchtet's auf einmal auf wie wenn's eing'schlagen hätt. Der Hansl spürt am Leib einen furchtbaren Schlag und Schmerz, und z'sammghaut hat's ihn, als wenn er nie gestanden wär.

„Jessas, Maria und Joseph!" schreit er, dann verliert er eine Zeitlang die Besinnung. Funken stieben ihm vor den Augen, und im Leib brennt's wie höllisches Feuer. Gar nichts weiß er im Augenblick vor Schrecken und Schmerz.

Aber plötzlich meint er doch, daß ein schwarzer, großer Kerl aus der Kapell'n springt, und da packt den Hansl die helle Wut und ein bißl Kraft kommt ihm wieder in die Arm. Er tastet nach seinem Zwilling richtet sich ein wengerl auf und drückt beide Läuf auf den Fliehenden ab.

Hat's ihn troffen? Hat's ihn g'fehlt? Der Hansl sinkt stöhnend zurück.

Wie's kracht hat, hat sich der schwarze Kerl duckt und is hinter an Buschen g'sprungen. Von dem Ang'schossenen sieht er nichts, weil der am andern Wegrand im Graben liegt. Aber auftraut hat sich der Schwarze doch ned.

„Spring i weg von der Straß, wer weiß, ob mir der ander nit no amal a paar Läuf nachschießt", denkt er sich. „Hin is er no nit. Aber i moan, i wart's ab. Die Sempt schwemmt'n scho in d'Isar, und dann hat's guate Weg. Aufkemma tua i ned. G'sehn hat mi neamd beim Ausgang, und der da verrat' mi nimma!"

Dabei sucht er zu lachen, aber es wird aus dem Lachen so eine scheußliche Grimass'n, daß ihm selber grausen kunnt. Ein Schauer rinnt ihm eiskalt den Buckel runter, und im Hals kriegt er's auch, als wenn ihm der Leibhaftige selbst die Gurgel zudrukken tät. Jetzt wieder wird's ihm siedwarm. Der Schweiß läuft ihm übers geschwärzte Gesicht, und dabei klappern ihm doch die Zähn z'samm.

„Wär er ned vorbeikemma, der Tropf, der elendige! Grad wo i mi hinstell, muaß der Jagerslump a hinwoll'n. Des san so guat meine Hasen wia die seinen. Auf meinem Acker wachst der Sam', den s' fressen. Recht is ihm g'schehn, daß er hin sein muaß. Auf oan mehr oder weniger kimmt's ned an!"

Aber dabei hat der Schwarze scho wieder des Würgen in der Gurgel. Der ander drüben jammert, und deutlich hört man: „Mei Wei', mei Wei' – meine armen Kinda – !"

Das ist zuviel für den Schwarzen. Wie wenn er selber g'schossen wär, so hat's ihn z'sammzogen, heiß und kalt wird ihm, und plötzlich sieht er wieder, wie sein Weib ihn am Rock festhält und fleht: „Bleib z'haus, Bartl, i bitt die beim Leiden Christi. Denk an mi und an die Kinder. Laß des Wildern, wir brauchen's ja net amal!"

Aber wie sie das Bitten nit aufhört und noch dazu das Flennen angfangt hat, da is der Bartl wild g'worn, hat ihr eine mit dem Gewehrlauf, den er grad hat einschieben wolln, über'n Buckl g'haut, und fort is er g'wen.

Und jetzt?

Wenn er nur aufspringen könnt und davonlaufen! Aber er kann net. Grad wie ang'nagelt is er gwesen am kalten, eisigen Erdboden, denn könnt der da drüben net sein Zwilling wieder g'laden haben und auf ihn abdrücken, wenn er davonrennt, grad so wie zuvor?

Da packt's ihn schon wieder. Zornig und zähneklappernd stiert er vor sich hin, wo der Schnee ihm rot zu sein scheint, so als wenn er bluten tät. „Kann i was dafür? Wär der Kerl net kemma! Woaß i, wie's ganga is? Der Teufi muaß ma 's Gewehr an Backen g'rissen hab'n!"

Jetzt horcht er.
Weit in der Ferne kommt ein Fuhrwerk herg'rasselt.
„Wer is des? – Wer woaß'?"
Die Furcht druckt den Bartl tiefer in die Erd.
Und das Fuhrwerk kommt näher. Endlich rollt es ganz nah am Metzgerhansl vorbei, und der stöhnt und jammert, daß Gott erbarm.

Der da daherg'fahrn is mit seine zwoa Roß, das war der Hiesl, sonst auch kein recht Guter, aber das konnt er net seh'n und hören, wenn einer so jammert, wie der da unten im Grab'n. Deswegen schreit er: „Öh – öh!" Und die zwei Rösseln sind froh, daß sie stehenbleiben dürfen. Dann kraxelt er langsam von seinem Wagen runter und beugt sich zu dem Jammernden hinab:

„He, Brüaderl, wo feit's denn? Host a weng z'viel Bier derwischt und a paar Holzscheitel dazu? Denk dir nix, des vogeht scho wieder, und nachher zahlst es hoam mit Zins. Geh, rühr di und sitz auf!"

Aber der im Graben stöhnt nur, und nachher krampft's ihn z'samm. Ringsum ist der Schnee rot von Blut, und mitten aus dem Leib sickert es immer noch.

„Kreuzsakra!" sagt der Hiesl und kratzt sich hinter den Ohren. „Der is derschossen, nit derschlagen." Und im selben Augenblick erkennt er den Metzgerhansl, der aus seinem Ort ist.

„Mei, Hansl, da is weit g'fehlt", brummt der Hiesl, und dann macht er sich dran, das Stück Elend heraufzuziehen und auf seinen Wagen zu laden. Leicht war's nicht, die Arbeit, weil der Hansl ein starkes Mannsbild war, und g'schrien hat er vor Schmerz, wie wenn man ihn umbringen wollt. Aber dann war's doch g'schafft.

Wie der Hiesl „Hüh!" schreit, zieh'n die Rösser an, aber er selbst ist nicht aufg'sessen, sondern neben dem Wagen hergangen. In der einen Hand hat er 's Leitseil g'habt, mit der andern hat

er dem Metzgerhansl sein' Kopf g'halten, daß er nit gar so hart auf die Bretteln auf'glegen ist.

So geht's schön langsam vorwärts, und grad wie sie bei dem Buschen vom Bartl vorbeikommen, will der Hansl den Arm aufheben und was sagen. Aber der Bartl druckt ihn nieder und sagt: „Halt die stad, Hansl, es wird scho besser wer'n."

Dem ist's auch besser worden, denn gleich drauf hat er gar nichts mehr g'sagt und hat sich g'streckt. Da hat's dem Hiesl gruselt und er hat die Hand unter dem Kopf weg'zogen. „Was wird die Alt' und seine Kinder sagen?" hat er sich denkt.

So kommen s' miteinander ins Dorf, wo alles schon in den Federn liegt, nur im Wirtshaus und beim Lehrer ist noch Licht. Vor dem Metzgerhansl sei'm Haus hält der Hiesl und schnalzt mit seiner Peitschen, was er schnalzen kann. Dazu schreit er:

„Nanni, Nanni! Wach auf! I muaß dir was sag'n."

Endlich hört ihn dieselbige, die gar so gut g'schlafen und grad recht schön träumt hat. Sie macht's Fenster auf, sieht unten das Fuhrwerk steh'n und sagt, weil sie gleich kennt hat, wer's war:

„Ja, was willst denn Hiesl?"

Dem kommt's hart an, wie er's rausbringen soll, aber er denkt sich: „Alleweil grad an!" Und drum ruft er:

„Nanni! Auf mein Wag'n hab i dein Mo' ... I hab'n bei der Kapell'n aufg'laden. Es müass'n ihn d' Wilderer derschossen hab'n. Aber derschrick net ...!"

Er hat aber no net ausgredt, da schreit das Weib: „Jessas, Maria und Joseph!" und stürzt am Fenster zusammen.

Wie lang der Bartl, der Mordbub, hinter sei'm Strauch g'legen ist, das, glaub ich, wüßt' er selber nicht, wenn man ihn danach fragen tät. Aber endlich hat er sich doch aufg'macht. Sein Gewehr hat er vergraben, und dann hat er sich auf ei'm Seitenwegerl zum Ort reing'schlichen.

Wie's der Teufel, oder besser der Herrgott, will, begegnet ihm der Lehrer, der vom Wirtshaus kommt und im Vorbeigeh'n die Zeit bitt'. Weil der Bartl nix g'sagt hat, hat sich der ander g'wundert und denkt: „Bauernflegel!"

Der Bartl hätt' aber um alles in der Welt nix sagen können, denn es hat ihn scho wieder an der Gurgel g'habt, als wenn ihn einer würgen wollt.

Dann ist er leis heimgschlichen und hat sich g'waschen und ein anders G'wand ang'legt. A Geld hat er eing'steckt und dann hat er wieder 'naus müssen. An der Schlafkammertür is er ein' Augenblick stehn'blieben und hat g'horcht. Aber nix hat sich g'rührt. Ganz woache Knie hat er g'habt, als wenn er niedersinken wollt, und fort is er, nur fort. Wohin? Hinaus in die Nacht, wo ihn keiner kennt und keiner was fragt.

Am übernächsten Tag, so in der Früh um 10 Uhr, sitzt er im Wirtshaus im Nachbarort und um ihn herum so drei, vier, die auch nicht viel besser war'n als er.

Die ganze Nacht haben s' trunken und karteng'spielt. Der Bartl zahlt brav Bier, und alles hat den besten Hamur, soweit man das Hamur heißen kann. Jetzt spiel'n s'scho wieder, und grad muß der Bartl a recht guats Solo g'habt hab'n, denn er haut die Karten auf'n Tisch, und dabei schreit er:

„Trumpf! Trumpf! D'Assen her! Es seid's vospielt!"

Da geht die Stubentür auf, und hereinkommt der Gendarm, der sein Patrullbüch'l beim Wirt einschreiben lassen will und von der Mordtat gewiß schon g'hört hat.

„Jessas, Maria und Joseph!" ächzt der Bartl, laßt die Karten fall'n, wird wachsgelb und starrt auf den Mann im grünen Rock.

Der sagt aber nix als: „Aha!" Nachher langt er in sein Tasch'l, wo er das Schließkett'l hat, und nimmt den Bartl fest, der kein Sterbenswörtel rausbringt und mitgeht ohne einen Mux.

Ermordung des Jagdaufsehers Kronawitter am 12. 12. 1894 bei Berglern. Er hinterließ eine Frau und 6 Kinder.

Deutscher Jäger, 1895

Eine Teufelsbeschwörung

Es jagten einst der Oberförster R., der Forstgehilfe A. und ein dritter Herr auf Gams. Auf der Abendpirsch schoß der Forstgehilfe einen Gamsbock, und am andern Morgen wurde geriegelt, wobei dem dritten Herrn das Malheur passierte, eine einzeln anspringende Geiß zu erlegen.

Nachdem der Forstgehilfe hinzugekommen war, beschlossen nun die zwei, um dem Jagdherrn nicht die gute Laune zu verderben, aus dieser Geiß einen Bock zu machen, d. h. dem Krückl die Stellung eines Bockkrückls zu geben, was dadurch geschieht, daß man das Krückl mit Öl oder Fett bestreicht, über gelindem Feuer erwärmt und dann nach Belieben biegt.

Beide trugen die Geiß in eine nahe Almhütte, der Forstgehilfe bat sich bei der Almerin einen g'weicht'n (geweihten) Wachsstock aus und Öl, letzteres brauchte nicht g'weicht zu sein, und im Kälberstall, wo die Geiß lag, begannen sie nun zu arbeiten, der Almerin den Auftrag hinterlassend, sie in ihrer Arbeit nicht zu stören. Dadurch war nun die Neugierde der Sennerin auf eine Probe gestellt, die sie nicht bestand. Nach kurzem schlich sie den Männern nach, sah durch eine Lücke deren Treiben zu und bemerkte, daß beide vor der Gams knieten und leise miteinander sprachen, was sie für beten hielt. Der eine salbte dem Gams das Krückl mit Öl, der andere hielt das Licht unter.

„Jessas, Maria, was treibt's ös do drin?" rief die Almerin, als sie eine Zeitlang zugeschaut hatte.

„Der Toifi steckt in dem Gamsbock, weil er so lang nöt hat verend'n kinna, den müaß'n ma aussitreib'n, mach' daß d'weiter kimmst", antwortete der Forstgehilfe.

„Unsa liabe Frau", rief die Sennerin und suchte Schutz vor dem ausfahrenden Teufel in der Nachbarhütte.

Erst nach wiederholter Versicherung der beiden Geisterbeschwörer, daß der Teufel nunmehr aus dem Gams gefahren sei, kehrte sie unter Lobsprüchen auf die beiden, denen diese seltene Kunst eigen, wieder in ihre Hütte zurück.

Ob der Oberförster bloß die Krückeln besichtigt oder nach untrüglicheren Kennzeichen suchte, weiß ich nicht anzugeben.

Deutscher Jäger, 1882

Wilderer.
Müller-Linke

Der „Unnutz“

Auf der Ahornalm ist die Wab'n Sennerin, Großbauerntochter von Ent'rrotdach. Zwei Jahre war sie allein, und alles ging in bester Ordnung. Das war ihr größter Stolz. Heuer gibt ihr der Vater einen Geißbuben mit. „Daß d' an Ansprach hast“, meint er. Die Wab'n durchschaut ihn, aber sie darf sich nichts merken lassen. „Wart nua, Bua, ich werd' dir 's Spionier'n scho austreib'n!“ denkt sie im stillen.

„Paß mir fein auf die Wab'n auf, Loisl, und geh ihr richti an d' Hand. Im übrigen bist bei mir im Dienst, net bei d'r Wab'n, und net bei andre Leut', das merk. D' Ohr'n reiß i dir aus, bal i hint'r was käm'.“

Unter so günstigen Auspizien kommt der Loisl, ein lediges Kind, auf die Ahornalm. Er ist so um dreizehn Jahre herum, genau weiß er es selber nicht. Langbeinig, spindeldürr, flüchtig wie ein junges Gams, mit ein paar hellen Augen in dem Kindergesicht, aus dem nichts weniger als die Not seiner Jugend spricht.

Er hat eine unzählige Male geflickte „Lederne“, die ihm kaum bis zur Mitte der mageren Schenkel reicht, einen viel zu großen, verwetterten Hut, der ihm tief in Nacken und Stirn fällt, eine geknickte Gockelfeder darauf und ein grobes Hemd, dessen ursprüngliche Art in dem Kreuz und Quer der Flecken und Risse nicht mehr zu erkennen ist.

„Wenn di brav haltst, wirst am Kirtag neu g'wandt,“ sagt der Bauer beim Auftrieb.

Die Ahornalm ist ein mächtiger Kessel, rings von Wänden und Schroffen umgeben, nur gegen Westen offen, und hier steigt der Hochwald zu ihr auf. Sie ist arg zerklüftet; zwischen den Wänden steile Laaner, wilde Gräben. Ein breiter Gesteinstrom spaltet sie in zwei Hälften. Im Grund liegen die größten Felsbrocken verstreut. Dann wieder ein Mösl, oder ein Schopf uralter Wetterfeuchten, mittendurch ein quellklarer Bach, der in lustigen Kaskaden in den Hochwald abstürzt. Kurz, die Ahornalm und der Loisl passen ganz vortrefflich zusammen, beide verwettert, zerrissen und verwahrlost und doch voll Leben und jugendlich frisch. Und der Loisl fühlt das und kommt auch aus dem Singen und Jodeln den ganzen lieben Tag nicht mehr heraus.

Das Kühvieh aber ist sein alles, als ob es sein eigen wäre. Er kennt die Eigenart jedes Stückes, hat für jedes seine besondere Zwiesprache. Aber das alles wird von der Wab'n nicht anerkannt. Bei ihr ist er der „G'moafraß“, der „Unnutz“, von früh bis abends gibt es kein freundliches Wort, das Essen wird unwirsch hingestellt, kein Gruß erwidert. Auch keine Lieb' zum Vieh kann er bei ihr finden, und sie ist doch eine Bauerntochter; auch da nur schimpfen und zuschlagen. Das verdrießt ihn am meisten.

Da kommt er, so in der dritten Woche einmal ums Dunkelwerden mit einer Kalb'n den Jägersteig herunter, die sich den Fuß verstaucht hat. Das geht einmal nicht ohne Worte und Zuruf — das Singen ist ihm vergangen vor lauter Sorg' um das Stückl —, da schreit s' ihn schon weitem an: „Lausbua, verdraht'r! Hast denn net g'sehn, daß die Gams herein san? Oder hast es z'fleiß tan?“

Er hat sich bisher um das Zeug nie bekümmert, jetzt aber steigt ihm doch der Zorn auf: „So, wenn sich 's Kranz'l vertret'n hat, soll i a auf das G'lump aufpass'n?“

„Auf das G'lump?“ Wab'n stemmt die Arme verdächtig in die Seiten. „Ja, den schaug ma net an! G'lump, saget er, und die größten Herren komma von weit her, um das G'lump z'schiaß'n.“

„Was kümmern denn di die größt'n Herrn, Wab'n he?“

Da kommt er gut an. „Sol, moanst? Weil vorig's Jahr der Prinz net selb'r auf der Ahornalm war – aber was red i denn da mit so

oan! Um die Zeit ist a Rua da herob'n, solang i da bin. Verstehst? Sonst sag' i's dem Jag'r. Nacher geht was. Hat di eh g'strch'n, der."

„Hab' eahm wirkli mein Lebtag nix in Weg g'legt, dem Jag'r, moanat i."

„Langt scho, daß d' da bist, Unnutz." Damit wendet die Wab'n sich der Hütte zu.

Dem Loisl geht ein schwaches Licht auf. Wie er sich gegen die Schneid wendet, hebt sich die schwarze Silhouette einer Gams vom Abendhimmel, eine zweite springt an seine Seite.

Seltsam, daß er auf die Viecher gar nie aufg'schaut hat, und san doch wirklich lustig zum Anschauen, und das is a wahr, daß sie die größten Herrn so viel gern schiaß'n. Muaß do 'was b'sonders sein damit. Aber weg'n dem Jag'r nimma singa, 's Kranz'l womöglich übernacht drauß'n lass'n — war no schön'r! A Jag'r is a Knecht, wia er, um kein Haar mehra!

Und plötzlich steigt es in ihm ganz heiß herauf gegen den Menschen, den er in seinem ganzen Leben zweimal gesehen. Die ganze Nacht gehen ihm die Gams, der Jager und die großen Herren nicht aus dem Kopf.

Den andern Morgen ist er schon ums Taggrauen auf. Jetzt juchezt er nimmer, ganz stad schleicht er hinauf ins G'wänd. Richtig, da steht schon a Scharl Gams unter der Wand. Wahr is, lustige Viecher san's! Wia s' umanandspringa, die Junga! Daß er auf das nia g'schaut hat, früher. Der Große dort auf der Spitze oben, das ist der Bock. Das wär was für an Jager. Unwillkürlich hebt er den Bergstock, mißt hinüber. Bum! — Jetzt läg er unten! Ein seltsames, unbekanntes Gefühl steigt in ihm auf, ganz heiß. Jetzt begreift er sie schon, die hohen Herrn.

Am Sonntag schickt ihn d' Wab'n schon um vier Uhr nachmittags zum Geißsuchen. Jeden Sonntag macht sie's so. Heut fällt ihm das auf. Ein Gedanke kommt ihm. Oben in den Latschen sucht er sich einen Beobachtungsposten und läßt die Hütte nicht aus den Augen.

Nach einer halben Stunde kommt die Wab'n heraus und tut einen lauten Juchschrei gegen den Wald zu.

„Aha! Jetzt wird's fein!"

Fast hätte er laut aufgelacht. Da kommt er schon herauf aus dem Wald mit seinem roten Hund. Zieht das Perspektiv heraus, mustert alles ab – dann auf zur Hütten. Die Wab'n ihm entgegen. Hören tut der Loisl freilich nichts, aber sehen grad g'nuag. Abküss'n tuat er s', der schwarze Teufel – dann geht's in die Hütten. Der Rauch kräuselt sich durchs Schindeldach – Kaffee wird g'macht.

Also desweg'n! Na, das wenn er dem Alten verzählt – der hat's net weni dick, d' Jag'r. Alle haben's dick im Dorf drunt'n – grad die Herrn spiel'n vom ganz'n Berg! Als wenn der net an jeden g'hörat! Der Berg und 's Wild. Derschoss'n haben s' erst vorig's Jahr ein weg'n an lumpig'n Hirschl. D' Alma unsicher mach'n – d' Madl verführ'n. Er, wenn er a Bauer wär', er tat's ihm scho' zeig'n.

Er redet sich immer mehr in einen Haß hinein. – Was er ihm nur Z'wideres antun könnt'?

Er braucht nicht lang überlegen – rasch auf, wohlgedeckt hinunter, dann rückwärts von der Waldseite auf die Hütte zu, durch den Stall hinein. Dann gibt er sich den Anschein völliger Ahnungslosigkeit, reißt die Tür hinter dem Kaser auf – die Wab'n hat keine Zeit mehr, sich dem Arm des Jägers völlig zu entwenden; feuerrot, die Fäuste geballt, steht sie vor ihm, wortlos vor Zorn.

Jetzt ist's dem Loisl doch nicht mehr geheuer, die wohlausstudierte Rede ist ihm entfallen. „Mein' Stecken han i vergess'n", stammelt er.

„Dein Steck'n? Geh, Maxl", wendet sie sich zum Jäger, „gib ihm sein' Steck'n, aber glei richtig', daß er langt für die ganze Woch'."

Der Jagermaxl schaut ihn grimmig an mit seinen kohlschwarzen Augen: „Verdiena tuast es, aber a bißl gar z'schlecht bist mir."

Dem Loisl steigt das Blut in's Gesicht. „Warum denn z'schlecht? Was bist denn nachher du für oan'r?"

„I?" Der Jäger lacht schallend auf. „Jetzt g'fallst mir erst, Buab'l!"

Ein Blick von Geringschätzung trifft Loisl. „Na, wart, i moan alleweil, wir wachs'n amal z'samm', wir zwei. So zügelt's man's ja her, d' Lump'n! Nachher wirst di schon erinnern, was i für oan'r bin."

„Da wirst di aber täusch'n, mei Liab'r", wandte jetzt die Wab'n ein, „daß d' mit dem z'samm' wachst. Der langt grad fürs Küaviech. Das woaß i bess'r. Da nimm dein Steck'n, Loamlatt'n. Mach di durch!"

Der Loisl möcht' noch gern etwas sagen, so schwillt ihm der zornige Mut, aber er bringt nichts heraus und eilt davon.

„Kannst 's a dem Vat'r verzähl'n. Mir ganz oa Ding", ruft ihm die Wab'n nach. „Loamlatt'n!" setzt der Jäger lachend hinzu.

Von dem Tag an wächst der Haß des Loisl gegen die ganze Jägerei in demselben Grad, als sein Interesse an dem Wild zunimmt. Die Wab'n hat sich über sein Singen und Lärmen des Abends nicht mehr zu beschweren. Aber auch dem Vater sagt er kein Wort von dem Jäger, als dieser kurz darauf auf die Alm kommt, trotz allen Herumfragens. Das erscheint ihm jetzt als zu erbärmliche Rache. Er malt sich jetzt schon ganz andre Dinge aus. Die Wab'n aber rechnet ihm das hoch an. —

Herbst! Auf der Ahornalm schreien die Hirsche die ganze Nacht, daß der Loisl kein Auge zutut. Grad immer am Fenster und hinausg'lugt. Einmal beim Mondschein ersieht er einen, einen Mordsteufel, ganz schwarz hat er's oben auf dem Grind. Und den Krawall, den er macht! Der Loisl ist ganz weg. So oan schiaß'n! Teufel, das müaßt was sein.

Drei Tage darauf kommt wirklich der Jagermaxl mit dem Prinzen auf die Ahornalm. Ist das ein liab'r Herr! Ganz g'moan macht er sich mit dem Loisl, fragt nach seiner Heimat, seinen Eltern, schenkt ihm z'letzt ein blinkendes Markstückl. „Aber kein Wildschütz werden, Loisl, nicht wahr? Schön brav bleiben!" sagt er so lieb und klopft ihm auf die Schulter. Die Hand hätt' er ihm küssen mögen, der Loisl.

„Da hab'n S' kein' Sorg' net, Hoheit, der wird wohl koan'r, de Loamlatt'n," sagt der Jäger dazu. Der Prinz lacht: „Loamlatt'n ist gut." Loisl steht ganz zerschmettert, aber einen tiefen Schwur tut er in seinem Innern.

Am 10. Oktober ist Abtrieb, daß eine Ruh wird auf der Alm für den Prinzen, der noch immer den großen Hirsch nicht gekriegt hat.

Der Loisl hat seine Not, das Vieh bis zum Abend zusammenzubringen. Dunkel wird's schon, und noch immer fehlt ihm ein Kalb. Bis in die blaue Gumpen ist er hineingestiegen, a ganz schiach'r Platz. Da schnallt's auf einmal unter ihm. Was ist das? Der Jäger und der Prinz sind nicht da, das weiß er gewiß. Ganz heiß steigt's ihm auf. Wenn's a Schütz wär' – grad sehn möcht er amal so oan!

Alle Bedenken weichen. Vorsichtig schleicht er zwischen den Latschen vor, dann in einem steilen Graben aufwärts. Hinter dem Wandl da unt', wenn er vorspitzt, muß er alles übersehen. Vorsichtig schleicht er hin, streckt den Kopf vor — und erstarrt vor Schreck. Keine zwanzig Schritt unter ihm bricht ein Kerl ein

Herbstmorgen. Gezeichnet von G. Wolters

Jetzt spukt's! Von Jacobus Leisten

Gams auf; eben wirft er mit blutiger Hand das Gescheide aus dem geöffneten Leib, da löst sich ein Stein unter Loisls Fuß. Der Kerl sieht auf — ein kohlschwarzer Bart umrahmt ein mit Ruß beschmiertes Gesicht, aus dem zwei teuflische Augen blitzen.

Loisl rührt kein Glied. Der Kerl macht einen Griff nach der Büchse neben ihm. Loisl versagt der Atem.

„Druck di, Bua — oder —"

Der Lauf blitzt. Loisl läßt den Latschenzweig los, an dem er sich hält, rutscht, kollert, weiß nicht, wie ihm geschieht, ob er schon tot oder noch lebendig – er liegt vor der blutigen Gams, vor dem schwarzen Kerl, der aufgesprungen ist.

„I bin ja der Loisl. I will ja nix – um Gotteswill'n, derschiaß mi net."

Und der schwarze Kerl packt ihn beim Kragen, stellt ihn auf die zitternden Beine und lacht. Der Hut ist ihm herabgefallen, das blonde Haar paßt schlecht zu dem fürchterlichen Bart.

„Was bist denn nachher du für oan'r?"

„Der Goaßbua von der Ahornalm. A Kalb'n suach' i."

„Was gehst denn nacher an Schuß nach, ha?"

„Weil — weil —"

„Weil's dir der Jagermaxl ang'lernt hat, gel?"

Die Stimme klingt jetzt wieder drohender, die Griffe am Kragen werden heftiger. Loisl aber hat seinen ganzen Mut wieder. „I lass' mir nix anlerna von dem, kann ihn ja selb'r net leid'n. Grad an Schütz'n' hab' i amal sehn woll'n, drum bin i nachgang'n."

„Lüag, Bua —"

„I lüag net."

„Nacher überleg dir's a andersmal. Oder wart, bis d' selb'r oan'r bist, weit hast eh' nimma hin, schaugt mir. Jetzt druck di, und wenn d' plauschst, nacher paß auf."

Loisl blickt starr auf das rußige Gesicht. Der schaut ihn doch a bißl anders an als der Jager und die Wab'n. „Und wenn i oan'r werd'n wollt', sag, was müaßat i . . . ?"

„Mach, daß d' weit'rkommst! Schleun di, Bua dumma, oder i vergiß mi."

Der Befehl klingt zu bestimmt. Loisl folgt ihm und springt in die Latschen. Hinter sich hört er noch einen Rumpler, rollendes Gestein – dann ist alles still.

Grad wie ein Traum war's, aber er hätt' ihn nicht hergeben mögen, nicht um viel. Er nimmt ihn sogar von der Ahornalm mit in das Dorf hinunter, als die einzige Ausbeute des Sommers, denn mit dem neuen G'wand, das ihm der Bauer versprochen hatte, ist's nichts, weil er allzu schlecht auf die Wab'n aufgepaßt hat, wie der Vater behauptet und allerdings auch nicht wegzuleugnen ist. Ja, er hätschelt und pflegt den Traum in den langen Wintermonaten, in den endlosen Nächten auf der Tenne. „Weit hast eh' nimma hin — schaugt mir!" tönt es ihm immer ins Ohr.

Loisl ist ein Mannsbild geworden. Er dient jetzt auf der Ries als Knecht. Das Erlebnis von der Ahornalm ist längst verblaßt. Auf dem Rieserhof gibt's keine Gams und keine Hirsche, und ein Jäger kommt nicht ins Haus — nur Arbeit und wieder Arbeit, bei geringem Lohn. Wär' auch kein Leb'n auf die Läng', wenn net — ja, wenn net! Wenn net glei' unterhalb am Rain ein klein's Häusl stand, und in dem klein' Häusl ein klein's Dirndl, in das der Loisl ganz vernarrt ist.

Mein Gott, wenn er an die Wab'n denkt, an die grobe G'sellin — an ganz'n Schreck hat er kriegt vor alle Weiberleut —, und dagegen das Katherl, weiß wia a Haselnußkern und so liab und so gut, 's reinste Engerl halt und allerweil kreuzfidel, trotz aller Armut. Fress'n könnt' er's vor Liab und sich selb'r z'reiß'n um a Wort von ihr, an Handdruck oder gar an Ausgang am Sonntag. Grad daß er gar kein klein's Geld net hat, daß er ihr halt a kleine

Auf Leben und Tod. A. Dieffenbacher

Freud' hätt' mach'n können, wia die andern Bursch'n alle ihre Schätz'. Der Rosn'rmartl zum Beispiel, a grad a Knechtl wia er – kommt neuli net sein' Marei mit aner goldenen Uhrkett'n zum Tanz? „Ja, wo hast denn die schene Kett'n her, Marei?" fragt's Katherl. – „Wo werd' i s' denn her hab'n", sagt sie ganz schnappat, „vom Martl halt."

Und 's Katherl schaut ihn nur an, aber den Blick vergißt er sein Lebtag nimma. Den Abend kommt er neben den Martl zu sitzen, beim Bier. „Jetzt sag amal grad, Martl, wia machst das mit der goldnen Kett'n von dem Marei? I woaß ja do a, was a Knecht verdient."

Der Martl schaut ihn von der Seite an. Auf seinem Hut prangt ein kohlschwarzer Gamsbart. „Dös möchst wiss'n, gelt? Ja, muaßt halt d' Feiertäg a fleißig sein, nacher hast es glei heraus."

„D' Feiertäg! Ja, was machst denn du an die Feiertäg?" Da steigt's dem Loisl plötzlich siedheiß auf, der Kerl in der blauen Gumpen steht vor ihm, und — das Herz steht ihm ordentlich still — wenn er sich den Bart und den Ruß wegdenkt, das blonde Haar, die Nase, die Augen: der Martl ist's, kein anderer.

In Loisl regt sich eine starke Sympathie — der Kerl in der blauen Gumpen ist einmal seine liebste Jugenderinnerung, und er hat die Worte nicht vergessen, die ihn damals so erregten. Bald hätte er offen gestanden, daß er ihn erkannt, aber ein bißl pfiffiger ist er doch geworden, wenn auch nicht viel.

„Was schaugst denn so?" fragt der Martl.

„Weil mir grad was einfallt."

„Was denn nacher?"

„Wia i no auf der Ahornalm war, da, moan i, hab' i amal so an Feiertagsarbeit'r g'sehn — in der blau'n Gump'n hoaßt ma's — kennat 'n wohl nimma, so ruaßig war er, und an falsch'n Bart hat er g'habt. Gel', die Arbeit moanst?"

„Was hat er denn aufg'arbet?"
„A Gams."
„Und di hat er zuaschaun lass'n? Das muaß a Spanisch'r g'-wes'n sein."
„Dir schaug i's an, daß du amal a Schütz wirst, hat er g'sagt."
„Da hat er si aber hübsch täuscht, gel?"
„Ja scho – aber mei' – wenn i grad oan wissat, der mi mitnahm."
„Ja, ja, wenn di oan'r mitnahm – aber ma nimmt net glei an mit, moan i."
„Wenn ma oan traut, warum net? Tätst du mir net traun? Ich sag' grad", fragt der Loisl.
„Freili sagst 's grad. Dir tät i traun. I sag' a grad."
„Das freut mit von dir, Martl."
Das Marei und das Katherl holen ihre Burschen zum Tanz, und Katherl spricht von nichts als von dem Marei ihrem goldenen Ketterl. Loisl geht hinaus, Luft zu schöpfen, so schwer liegt's ihm auf der Brust. Da packt ihn einer am Arm — der Martl ist's!
„Am Sunntag, um sechs auf d' Nacht, bei der Kohlstatt — wenn's dir paßt."
Fort ist er, im Dunkel verschwunden. Nicht einmal die Zusage Loisls hat er abgewartet. —
Am Sonntag! Der Loisl ist Punkt sechs bei der Kohlstatt; ein Meiler brannte früher hier, mitten im Hochwald. Wenn er sich nicht schämte, gäb' er's noch auf. Wer weiß, was herauskommt dabei; es brummelt so unheimlich in den schwarzen Fichten, und recht ist's doch nicht.
Da kommt der Martl geschlichen. Wie aus dem Boden geschlupft steht er vor ihm. Jetzt kennt er ihn genau. Der schwarze Bart um sein Kinn — voll Ruß ist er.
„Da hast a Büchs."

Er reicht ihm ein Abschraubgewehr. „Steck's unter die Jopp'n, und den Bart bind'st a um."

Dann geht's die Höh' hinauf. Erst ist Loisl voll Schneid. Ein wohliges Gruseln durchrieselt ihn, aber dann kommt's rasch anders; hinter jedem Baum sieht er den Jagermaxl stehen, obwohl hier gar nicht sein Revier ist. Bei dem leisesten Geräusch — sei es, daß ein Vogel aufsteht, ein Ast im Abendwind fällt — zuckt er zusammen.

Martl birscht voraus, jede Lichtung vermeidend, überall sein Auge. „Siechst den rot'n Fleck bei dem Stoa? — A Rehgoaß! Schiaß hin mit die Schrot."

Vor Loisls Blick senkt sich's wie eine Wolke, die Zähne klappern ihm.

„Schiaß, Sakra!" drängte der Martl.

Bei Loisl knallt's, der rote Punkt verschwindet.

„Hat's scho'!" Der Martl mit einem Tigersprung dort, das Reh gepackt, hinein damit ins Dickicht.

Der Loisl bleibt ganz erstarrt stehen, die rauchende Büchse in der Hand – endlich folgt er dem Genossen. Der schimpft ihn herunter. „Auf was wart'st denn, Loder damischer? Schiaß'n, aufheb'n und durch damit, so muaß sei", lehrt ihn der Martl, der die Geiß in seinen Sack packt.

Er wartet im Dickicht die Nacht ab, dann geht's bergab auf finsteren Wegen. Loisl wagt nicht zu fragen, wohin.

Am Waldrand macht der Martl halt. Dicht vor ihnen blitzen die Lichter eines Dorfes.

„Das machst jetzt a so, Loisl. Du woaßt do den Lippl von Unterach?"

„Wohl, den woaß ich scho."

„Also, das is Unterach." Martl weist auf die Lichter. „Jetzt nimmst den Sack und schmeißt ihn beim Lippl beim erst'n Stallfenst'r eini, es steht scho off'n. Weit'r gar nix. Nacher druckst di. D' Büchs lass' i dir. Abrechna tuan ma an andersmal. Und no was – wenn – wenn – i sag's grad, wenn's war, daß di oan'r fraget, oder weit'r was – verrat'n gibt's net bei die Schütz'n – hin wärst a glei. Jetzt mach's guat, dei' Sach! Nacher g'hörn ma z'samm."

Der Martl löst sich förmlich vor ihm auf in der Finsternis.

Der Loisl schleicht sich mit seinem Sack zum Lippl. Richtig, das Stallfenster ist offen — hinein damit! Dann saust er nach Haus, auf die Ries, hinten bei der Tenn' hinauf, in die Kammer.

Jetzt schnauft er erst auf. Aber lustig war's doch, und gleich das erste Stückl schiaß'n. So, Jagermaxl, jetzt schaug's an, dei Loamlatt'n!

Loisl macht sich. Der Rehgeiß folgt ein Gamsjahrling und ein Stück Wild in das Stallfenster des Lippl. Aber mit der goldenen Kette für das Katherl ist es immer noch nichts. Das geht alles für die Abzahlung für die Büchs auf, und das Katherl hört nicht auf, ihn zu mahnen.

Da probiert's der Loisl eines Tages auf eigne Rechnung, ganz allein — der Martl nutzt ihn doch nur aus. Das ist ein andres Pirschen, ein andres Gelüst! Den ganzen Sonntag steigt er umeinander im G'wänd. Ein Gamsbock, wie er ihn damals gesehen hat auf der Ahornalm, wär' halt das Höchste! An Bart haben s' auch schon, November war's. Das gäb doch was zum Renommieren — und der Ärger vom Martl!

Im Geißkar probiert er's, da wurlt's grad von Gams, und der Jagermaxl ist heut mit seinem Kavalier auf der andern Seiten. Grad 's Herz geht ihm auf — und ob a Jagerbluat in ihm steckt! Er hätt's selber net so g'meint.

Die ersten Stück, die ihm schußgerecht kommen, sind ihm zu schlecht — ein richtiger Bock muß her!

Von Graben zu Graben schleicht er, Grat auf, Grat ab, grad

Wildschützen beeilen sich, ihre Beute in einen Kahn zu bringen. Friedrich Gauermann, Kupferstichkabinett, Wien

Wilderer auf der Insel. August Dieffenbacher,
Heimatmuseum Prien

auf den Wind paßt er noch zu wenig auf in seinem Eifer. Jeden Augenblick pfeift ein Gams, und dahin geht's, daß die Steine rasseln.

Einmal aber erreicht er's doch. Ein Gams springt ihm entgegen, keuchend vor Hetz! Aha! Jetzt wird's gleich da sein, der Bock! Er denkt an nichts andres mehr, druckt sich hinter die Latschen und paßt.

Da ist er schon! A Mordskerl! Kohlschwarz! Stehen bleibt er auf fünf Schritt!

Das Herz schlegelt dem Loisl, da nimmt er sich aber zusammen. – Im Schnall kugelt der Bock in den Graben, und der Loisl tut einen lauten Juhschrei vor Freud – dann hinunter zum Bock!

Die Kruk'n! Und der Bart! Er kann sich nicht genug schauen, und alle guten Lehren des Martl sind vergessen.

Er wendet den Bock hin und her, prüft die Schußwunde – mitten am Blatt! Endlich kommt er doch zur Besinnung, tut den Rucksack herunter, hebt den Bock auf, zwingt ihn mühsam hinein, dann auf damit. Er langt nach seiner Büchse – da: „Rühr di net, oder i schiaß!" gellt's ihm von irgendwo entgegen.

Das Entsetzen fährt im in die zitternden Beine, er läßt den Bock fallen, die Büchse. Da steht er wahrhaftig dicht vor ihm der Jagermaxl in seiner ganzen Größe, den Büchslauf auf ihn gerichtet: „Hab i di amal, Lump!"

Die schwarzen Augen brennen wie Kohlen: „Dein Bart abi!"

Loisl versteht nicht, kann kein Glied rühren.

„Den Bart abi", brüllt der Furchtbare, „oder hin bist!"

Da reißt er den falschen Bart mit zitternder Hand herunter. Der Maxl lacht hell auf. „Meiner Seel', der Loisl! Na wart, Bürschl, dir werd' i's austreib'n!"

Und her über ihn und gleich mit dem Bergstock über den Kopf geschlagen. Da faßt Loisl die Wut, und eine unbändige Kraft kommt über ihn. Er fährt dem Jäger an die Gurgel. Ein tolles Geraufe beginnt in dem steilen Graben – aber zuletzt ist doch der Maxl Herr.

Der Loisl liegt am Boden, neben dem Gamsbock, auf Gnade und Ungnade.

„Eigentlich sollt i glei' a End' mach'n mit dir", meint der Maxl. „Bleibst do a Lump dein Lebtag lang – aber no, a g'fährlich'r wirst ja nia – so will i di leb'n lass'n. Auf mit dem Bock! Auf! Und koan Muckser mehr, sonst –"

Der Loisl ist völlig gebrochen. Er tut, was man von ihm verlangt, mit dem Bock auf dem Rücken ist er ohnehin dem Jäger ausgeliefert.

So geht's den Berg hinunter. Er voraus, Maxl hinterher, mit fertiger Büchs. Und was er alles zu hören kriegt!

„So a Loamlatt'n! Der will a no wildern! Und juchazen tat er no! So an Dumma fangt ma net glei wied'r!"

Und so fort in allen Tonarten. In Loisl häuft sich der Groll, schlimme Bilder tauchen in seinem Hirn auf, ein wilder Trotz, die ganz verschrobene Wilderermoral, die ihm noch recht gibt. Dann kommt das ärgste. Am hellichten Tag durchs Dorf! Die Leut laufen zusammen.

„Da schaugt's 'n an, den Loisl! Wer hätt' das denkt!"

Kein Wort des Bedauerns, des Mitleids. Ja, wenn er ein Bauernsohn wär, aber ein ledig's Kind, das der Gemeinde grad Geld gekostet, so ei'm g'schieht grad recht! Was braucht so was auf die Wildbahn gehn!

Der Förster donnert ihn furchtbar an: „Ins Zuchthaus g'hörst, Mensch, verworfener! I werd' dir's scho einbrock'n."

Der Maxl red't noch, als wenn er ihn hätt' umbringen wollen. Fluchtverdächtig ist er auch. Also gleich fort damit auf das Land-

In Sturm und Wetter. Josef Schmitzberger

gericht. Arm's Katherl, jetzt ist die goldene Ketten dahin und der Loisl damit!

Vier Monate hat er bekommen, unter den erschwerenden Umständen, die sich nach Aussage des Jagermaxl ergaben.

Der Rieser ist ein richtiger Vollbauer und haßt alle Lumperei, — natürlich will er nichts mehr von ihm wissen. Und ein Knecht, den der Rieser fortgejagt hat, ist für ein andres richtiges Haus auch nichts mehr nutz.

Da sitzt er nun. — Halt! Einen Ausweg gibt's noch. Von jeher war die Wilderei das hohe Examen für den Jagddienst. Etwas sträubt sich in ihm dagegen. Wenn er einmal mit dem Martl zusammen käm oder mit irgendeinem, ganz gleich, müßt er sich nicht schämen? Könnt' er schießen auf einen, der auch nicht mehr getan als er jetzt? In Loisl steckt sowas wie ein Charakter. Aber es muß sein, er muß sich ja sein Brot verdienen.

Also zum Förster! No, der hat ihn anders angefahren — was er denn glaubt, ob die Jagerei für die Lumpen da sei?

„Ja, aber, Herr Förster - der Maxl - hoaßt's - war früher a a Schütz —"

„Der Maxl? Der Maxl — und du! Der Maxl war wenigstens a richtiges Jagerbluat! Da kann man noch an Auge zudruck'n, aber so a Dummian wia du, der juchezt, wenn er an Gamsbock druckt, den kann man sein Lebtag nicht brauchen. Das schlag dir nur glei aus dem Kopf. Z'fürcht'n bist a net rar. Du wirst dir wohl a Lehr g'nomm'n hab'n, daß du zu dem G'schäft net taugst. Also b'hüt di Gott, Loisl."

So ist er entlassen. Nicht weil er ein Wilderer ist, sondern weil er ein schlechter ist. Die Moral vergiftet ihn ganz. No, das wär' ja no z'ändern mit der Zeit.

Vorderhand heißt's Brot schaffen und — das ist sein Hauptgedanke — eine neue Büchs. Die vom Martl liegt ja beim G'richt.

So taglöhnert er halt im ganzen Tal umeinander, einmal da, einmal dort, und hält die Gedarmerie, unter deren Aufsicht er ja steht, zum Narren. Dabei wird man nicht besser. Das Geld geht drauf, das Wirtshaus wird zur Heimat, die schlechte Kameradschaft bleibt nicht aus, und wer unter Polizeiaufsicht steht, braucht sich auch nicht für zu gut zu halten.

Das geht alles noch, aber das Katherl ist wie ausgewechselt! Sie kann die Gefängnisluft nicht vertragen, die an ihm haftet, das Gehänsel mit dem Zuchthäusler. Erst hat's geweint, ihn bedauert, dann hat's ihm förmlich den Abschied geb'n und dann — das war der fürchterlichste Schlag — keine vier Wochen darauf hat das Katherl ein goldenes Ketterl gehabt, ein viel schöneres wie das Marei.

Jetzt ist alles ein Ding, die ganze Welt sein Feind, jetzt handelt sich's nur noch um eins — eine Büchs muß her.

Und der Loisl schuftet einen Monat lang im Tal herum, kein Wirtshaus sieht ihn mehr. Der Loisl macht sich wieder, meint der Herr Kommandant. Woher aber die Büchs nehmen, ohne Verdacht zu erregen? Der Martl ist längst nicht mehr im Tal, nachdem ihm der Boden zu heiß geworden. Da muß der Lippl helfen, dem darf man schon trauen.

Und der Lippl hilft. Vermißt er doch schon lang neue Ware vor dem Stallfenster — haben ja keine Schneid mehr, die Burschen. Der Loisl bekommt die schönste, nagelneueste Büchs. Die eine Hälfte bezahlt er bar, die andre läßt der Lippl auf dem Geschäft stehen, das er erwartet.

Die Rauschermühl ist ein elender, aus Holz und Bruchstein gefügter Kasten, an dem windschief ein vermoostes, längst nicht mehr gebrauchtes Rad hängt. Der Rauscher läßt es wohl nur hängen, um den unschuldigen Namen „Mühle" sich zu wahren. In Wahrheit ist sie eine Spelunke übelster Art. Im ewig feuchten

Beim Gamsriegeln. A. Singer

Schatten einer mächtigen Steinwand gelegen, nicht weit von der Tiroler Grenze bildet sie einen jener Unterschlupfe für alles erdenkliche lichtscheue Volk, dem trotz aller sicheren Kenntnis seiner Art nicht gut beizukommen ist.

An solchem Ort ist der ganze dunkle Betrieb in ein wohlgefügtes System gebracht. Alles greift ineinander, alles dient nur einem Zweck. Da ist jede Überraschung ausgeschlossen, jede Hausuntersuchung umsonst, jede verlangte Aussage eine Lüge. Da gibt es keine Ordnungsstörung, keine Rauferei, keine so kleine Übertretung, an die man ansetzen könnte. Die Rauschermühle spielt in der Anzeigeliste der Polizei und der Grenzwache keine Rolle, und doch weiß jeder, was er davon zu halten hat.

In der rauchgeschwärzten Stube, mit einem Fenster wie eine Schießscharte, dem Bache zu, sitzen drei Gesellen in Pfeifenqualm und Schnapsdunst. Der Rauscher, ein kleines behäbiges Mandl mit einer Biedermannsmiene — ein schwarzer Tiroler, das Hütl windisch auf dem Ohr, in kurzem Janker und braunkarierter Hose — und der Loisl.

Totenblaß ist er, um Jahre gealtert. Die Nase tritt jetzt habichtscharf hervor, das Auge ist unstet, und die Hand zittert, die das Schnapsglas zum Munde führt. Er kommt geradewegs aus dem Zuchthaus, und der Jagermaxl war es, der ihn hineingebracht hat. Morgen verläßt er das Land, der Boden ist ihm zu heiß geworden. Nach Tirol geht sein Weg, von da aus ins Amerika vielleicht, wo's noch keine Jagdgesetze gibt.

Auf der Kraxen neben ihm liegt seine ganze Habe. Grade einkehren hat er noch einmal wollen beim Rauscher, und nun sitzt er schon seit der Früh' da und vertrinkt seinen Zorn und seinen Wehdam ums Scheiden von der Heimat.

Immer wieder geht's über den Jagermaxl los, der ihn ins Loch gebracht; immer erhitzter wird sein Blut.

Der Ruprecht, der Kolleg vom Maxl, ist vor einem Jahr hinaufg'schossen worden. Glück hat er auch noch gehabt, die Kugel hat ihm bloß den Arm abgeschlagen. Und herauskommen ist nix, trotz aller Bemühung der Polizei.

„Da hab's natürli i sein müaß'n. Haussuchung hab'n s' g'halt'n. A lausigs Schrötl hab'n s' g'fund'n, a Schlinga, und Rehhaar im Rucksack, und mitg'nomma hab'n s' mi a scho. Nacher is losganga, von an Amtstisch zum andern, und alle Tag hin und her g'fragt, daß i ganz dumm worden bin. Richti bring'n sie's 'raus, daß i an dem Tag, wo das mit dem Ruprecht passiert ist, im Revier draußen war. Z'letzt hab's i selb'r zuageb'n müaß'n, das Drauß'nsei' — 's andre natürli net. Der Ruprecht selb'r hat net schwör'n könna — und do hat er so 'rumg'redt, daß g'langt hat: ‚I moan scho, der Loisl war's. d' Größ', 's G'schau, d' Fährt'n! G'wes'n is er's scho, aber i kann net schwör'n, Herr Amtsricht'r.' Schaug amal so an Tropf an, so an elendig'n, und der Maxl gibt erst recht sein Senf drein und der Först'r — und verurteilt hab'n s' mi."

Der Rauscher zeigt sich empört, schimpft über das Gericht. „Drum sag' i", flüstert der Tiroler über den Tisch, „glei' richti' oder gar net."

Der Loisl kaut an seiner Pfeifen, noch tiefer erscheinen seine Züge. „Recht hast, ganz recht. 's g'hört ihna net mehra, den Jagern, dem Maxl voraus."

„Woaßt was", meint der Tiroler, „i tat eahm no a paar Stückl druck'n, eh' i gang. Grad ums Ärgern. Und wenn er dir grad kam' — was?" Der Tiroler kneift hinterlistig die Augen zusammen.

Der Loisl schnauft schwer auf, eine Röte steigt auf auf der bleichen Stirn — und der Tiroler hetzt und hetzt. „Du, Loisl, hast du 's schon g'hört von der Stoanerfranzkathl?"

Der Loisl wird unruhig.

„Heirat'n tuat s'."

„Da gratulier' i dazua", meint der Loisl, seine Erregung hinter Spott verbergend.

„No nacher such 'n nur auf dazua, dein guat'n Freund."

„Wen?"

„No, den Jagermaxl halt."

Das Gesicht des Loisl verzerrt sich, seine Faust klammert sich um den Pfeifenstiel. „Den — die Kathl?" Sein Blick irrt unstet auf dem Tisch herum, aber er spricht lange kein Wort. „No ja, was kann mir daran lieg'n, wen die heirat! I gunn s' eahm." Rasch stürzt er sein Glas Enzian hinunter, dann wird er ganz still, aber ein Glas nach dem andern trinkt er.

Dem Tiroler wird der blasse, schweigsame Mann unheimlich — er drückt sich.

Kaum ist er fort, nimmt der Loisl seine Kraxen auf die Schulter und zahlt. „Und jetzt gibst mir mei Büchs, Rauscher, grad für oan Tag. Was is schiaß, g'hört dein."

Der Rauscher zögert. Die Büchse ist bei ihm versetzt, und der Loisl kommt wohl nie wieder. Aber es ist ihm nicht zu trauen heut, so schaut er drein.

Der Loisl folgt ihm in die Nacht hinaus. Der Rauscher bringt die Büchs aus dem Heuschober.

„Leer komm' i net, verlaß di drauf."

Der Loisl geht.

Der Rauscher schüttelt bedenklich den Kopf. Morgen werden wir halt die Gendarmen im Haus haben. Lange kramt er noch auf der Tenne, im alten Mühlraum. Dann rückt er die Uhr in der Stube gleich um eine Stunde vor. Das ist für alle Fälle. Ein alter Rauscherkniff. Mit einer solchen Uhr laßt sich viel machen.

Im Geiskar braut der Nebel. Das ist der Feind des Jägers, der das Stück erst erkennen muß, ehe er es streckt, ob es auch schuß-

Wart' Lump, wir treffen uns noch!

bar — und der Freund des Wilderers, der keine Wahl kennt und in dem Nebel Deckung sucht.

Loisl macht seinem Lieblingsplatz den letzten Besuch. Er kennt jeden Steig, jedes passierbare Band in der Wand, jeden Gamswechsel. Lautlos schleicht er, die Büchse unter dem Arm, die vollgepackte Kraxen am Kopf, für alle Fälle. Im Schlimmsten deckt sie ihm noch den Rücken gegen eine Kugel.

Heute aber sind seine Gedanken nicht bei der Sache, sie schweifen zurück auf die Ahornalm. Da hat's angefangen, die Leidenschaft und der Haß — dann das kleine Häusl unter der Ries — das liebe blonde Katherl, g'schwor'n hätt' er auf ihre Treu, und do is nur an an goldnen Ketterl g'hängt, net dicker wia a Fad'n. Wer woaß, wia's sonst ganga wär'! — Vielleicht säß' er jetzt bei ihr, in dem kleinen Häusl, und a Hauf'n Kinder — und in einer Wochen sitzt der Jagermaxl bei ihr, an seiner Stell. — Daß der Mensch ihm immer dazwischen kommen muß! Sein Fluch ist er, sein Unglück!

Wenn er ihn jetzt bekäm'! — Und doch hat sein' Herrgott gedankt, daß er bei dem Ruprecht a bißl z'weit links abkommen ist. Er hätt' überhaupt net g'schoss'n, wenn er net z'wung'n g'wes'n wär dazua. Aber das war der Ruprecht, a harmloser Mensch — beim Jagermaxl wär's anders — ganz anders — da wär's eine alte Abrechnung.

Ein Gamspfiff weckt ihn aus seinen Träumen. Seltsam, der beste Wind — vielleicht do wer um die Weg?

Vergebens sucht sein Auge den Nebel zu durchdringen, sein Ohr ein Geräusch zu hören — umsonst, lautlose Stille!

Jetzt kommt der Rollgraben, wo der Maxl ihn g'stellt hat. Leer ist der nie.

Die Leidenschaft packt ihn wieder. Er kriecht tief gebückt durch die Latschen auf den Grat — schaut hinunter — Richtig! Da liegt schon eines unten — grad ein schwarzer Batzen — aber es langt für sein gutes Auge.

„Bang!" — kugelt schon 'nunter — er nach — ohne auf die abgehenden Steine zu achten. Jetzt juchzt er schon lange nicht mehr vor einem gefallenen Stück, bei dem dichten Nebel wär's auch nicht so gefährlich.

„A guat'r Bock a no."

Er bricht ihn auf. Das heiße rote Blut, das ihm über die Hand schießt, bringt ihn auf sonderbare Gedanken.

Da, wie aus den Wolken die Stimme von damals: „Rühr di net, oder i schieß'!"

Eine dunkle zerflossene Gestalt steht neben ihm — der Maxl, kein Zweifel! Aber diesmal erstarrt er nicht, im Gegenteil, eine Blutwelle steigt ihm ins Gehirn. Er greift nach der Büchs, hebt sie, fängt schon das Ziel — da blitzt es auf aus dem Nebel, ein stechender Schmerz, ein Stoß gegen die Brust — dann wirft es ihn nieder. Er faßt nach einem Latschenzweig, hält sich daran —

„Hund, schlechter! Verdammt bist." — Da versagt ihm die Sprache — ein schwarzer Schatten beugt sich über ihn.

„Himmel! Der Loisl!" Es liegt mehr wie Erstaunen in dem Ton. „Du hast's ja selb'r so woll'n. Was bist denn aufg'fahr'n!"

Ein haßerfüllter Blick trifft den Jäger aus den brechenden Augen. „Katherl!" formt es sich noch auf den blassen Lippen, dann läßt die Faust den Zweig los, — der Loisl kugelt den Rollgraben hinunter samt seiner Kraxen. Bis der Jagermaxl nachsteigt, ist er tot.

„Es hat ihm ja net mehr g'hört, dem Lump'n — aber do — wenn i denk' — Sakra, liab'r wär's ma, wenn er wied'r aufstand!"

Aber der Loisl steht nicht mehr auf. An der strengen Kette der Notwendigkeit endet hier seine Bahn. Nicht einmal der Unwille der Dörfler wird durch seinen Tod erregt, wie gewöhnlich in

solchen Fällen. Er war eine Last im Tal von Kindesbeinen an – gut, daß er weg war. Den Jagermaxl trifft kein Verschulden.

Zwei Wochen darauf hält er Hochzeit mit dem Katherl und zieht in das kleine Häusl ein.

Der Rauscher hat seine Uhr umsonst gestellt. Die Büchs war auch verloren, mit der geht jetzt der Jagermaxl.

Der Loisl ruht an der Kirchhofmauer, ganz hinten beim Pfarrstadl, ohne Kreuz, ohne Stein, zwischen Selbstmördern und fahrendem Volk. Nur eine alte Frau weiß jetzt noch genau die Stelle, die Jagerkathl. Sie wird euch aber sofort noch zu einem andern Grab führen, mitten unter den „guten Leuten". Ein einfacher weißer Stein, von wildem Efeu umrankt, darauf steht:

Hier ruht der ehrenwerte Herr Maximilian Lechner, königl. Jagdgehilfe. Gefallen den 3. Oktober 18 . . von Wildererhand.

Anton Freiherr v. Perfall, 1904

Eine verräterische Wildererjoppe

In Tagesblättern wurde die Nachricht verbreitet, daß in Partenkirchen, ein Wilderer durch einen Jäger erschossen worden sei. — Wir bringen über diesen Vorfall nachstehende Mitteilung aus zuverlässiger Quelle.

Am 25. August abends stieß der k. Hofjagdgehilfe Schöffmann von Partenkirchen bei Gelegenheit seines Revierbeganges am Ameisberg auf einen Wilderer, welcher sich das Gesicht geschwärzt hatte. Schöffmann, ein gewissenhafter Beamter, rief den Wilderer an, und auf den Ruf: „Gewehr ab!" drehte sich letzterer um, schlug auf den Jäger an und drückte ab. Zum Glück versagte der Schuß, so daß Schöffmann, einem etwa zweiten Schusse zuvorzukommen, Zeit fand, seinerseits Feuer zu geben; der Schuß ging fehl. Dennoch ergriff der Wilderer die Flucht, und Schöffmann setzte ihm nach. Nach einiger Zeit wurde dem Wilderer abermals „Halt" geboten. — Im selben Augenblick drehte sich derselbe, drückte sich nieder, legte auf den Jäger an und wollte abermals Feuer geben; auch zum zweitenmale versagte der Schuß, und nun schoß Schöffmann abermals.

Inzwischen war die Abenddämmerung sehr weit vorgeschritten, so daß auf den Schuß, welcher den Jäger blendete, nichts wahrgenommen werden konnte und die Verfolgung aufgegeben werden mußte. Schöffmann ging zur Diensthütte, übernachtete hier, rekognoszierte mit Tagesanbruch die bewußte Stelle wieder und fand den Wilderer tot auf der Almlichtung liegend. Die Kugel war links in den Hals abwärts eingedrungen, hatte die Lunge durchbohrt und war in der rechten Achselhöhle ausgetreten — ein Beweis, daß der Wilderer, als er die Kugel empfing, auf den Jäger in Anschlag.

Der Erschossene ist ein Malergehilfe Hubert Prause aus Schlesien, welcher seit Februar in Partenkirchen in Arbeit stand. Interessant ist, daß der Erschossene die Joppe eines berüchtigten und

vom Forst- und Jagdpersonal längst vergeblich verfolgten Wilderers trug. In dieser Joppe fand sich eine Brieftasche mit vielen „interessanten“ Zeichnungen und Notizen, auf Grund derer der Eigentümer der Joppe und noch ein berüchtigter Wilderer, welcher vor zwei Jahren wegen gewerbsmäßigen Wilderns schon ein Jahr Gefängnis erhalten hatte, sofort in Untersuchungshaft genommen wurden. – Daß noch weitere Komplizen vorhanden sind, beweist der Umstand, daß in der Nacht vom 26. auf den 27. August vor der Wohnung Schöffmanns 6 Schüsse abgefeuert wurden, ein Beweis, mit welchen Gefahren das Forst- und Jagdpersonal seinen gefährlichen Dienst verrichten muß.

Beim Landgericht München II spielte sich der Schluß jener Geschichte am 16. Februar laufenden Jahres ab, welcher mit dem Tode des Wilderers Prause ihren Anfang nahm. Prause, ein blutjunges, genial angelegtes Bürschchen, hatte am selben Tage zufällig die Joppe seines Freundes und Komplizen Hellweger an, welcher seinerzeit ein sehr talentierter Schüler der Schnitzschule Partenkirchen war. In dieser Joppe steckte nun Hellwegers Skizzenbuch, in welchem sich ganz reizende Bleistiftskizzen befanden, das erlegte Wild und seine Schützen darstellend, nebst Angabe von Tag und Ort, wo dasselbe erlegt wurde. – Hiedurch wurde eine ganz vortrefflich organisierte Bande entdeckt, welche seit 5 Jahren im Forstamt Partenkirchen ihr Unwesen trieb und der als Hauptpersonen außer Prause angehörten: Josef Hellweger, Sattler, 24 Jahre alt; Josef Reiser, 42 Jahre alt, Posthalter und Wirt; Martin Baudrexel, Schlosser, 30 Jahre alt. – Die Anklage geht in 16 Fällen auf gewohnheitsmäßigen und auf Erwerb gerichteten Jagdfrevel sowie auf Vergehen der Bedrohung, ferner auf Hehlerei sowie auf Begünstigung der Hehlerei.

Deutscher Jäger, 1885

Ein kritischer Augenblick

An einem prachtvollen Sommermorgen des Jahres 1869 machte ich eine Frühpirsch; es war Feiertag, ein Frauentag, wie sie im Gebirge besondes festlich begangen werden, und da erfahrungsgemäß derartige Tage von vielen lieber zur Gaunerei als zum Gottesdienst benützt werden, pirschte ich mehr der Wilderer als des Wildes wegen.

Ich hatte in einer Almhütte übernachtet und ging bei Sonnenaufgang an der Reviergrenze gegen das Herz unseres Jagdgebietes zu, als ich auf einem schmalen Jägerpfad, den auch ich benützte, einen mit Gewehr bewaffneten Mann daherpirschen sah. Sofort versteckte ich mich hinter einem Fichtenbusch, und als er mir näher kam, erkannte ich in ihm einen verwegenen Wilddieb, der, wie ich öfter gehört hatte, das Sprichwort führte, wenn er auf das Gefährliche seiner Spitzbüberei aufmerksam gemacht wurde: „Der Geschwindere – der Gesündere."

Mit fertigem Gewehr sprang ich aus meinem Versteck hervor, ihm zurufend, sofort seine Waffe abzulegen.

Statt meiner Aufforderung nachzukommen, sah ich ihn auf mich zielen, auch meine Büchsflinte lag schleunigst an der Backe, und ich hatte den Schrotlauf auf zirka 30 Schritte auf ihn abgedrückt. Auf meinen Schuß machte er weiter keine Bewegung, als daß er sein Gewehr einen Moment sinken ließ, um es im nächsten wieder an die Wange zu reißen. Unwillkürlich suchte mein Zeigefinger den vorderen Drücker, und im kommenden Augenblick brach der Wilderer, einen unartikulierten Schrei ausstoßend, im Feuer zusammen. Meine Kugel war ihm durch den erhobenen linken Arm in die Brust gedrungen und hatte den sofortigen Tod herbeigeführt.

Wie war es aber gekommen, daß ich ihn auf die kurze Distanz mit dem Schrotlauf gefehlt hatte?

Das ging so zu: Ich hatte bei einer Treibjagd kleinere Schrote geladen und, als ich nach derselben dem Jagdschutz wieder nachging, diese ausgezogen, ohne sie, wie ich vorhatte, durch grobe zu ersetzen; mein Schrotlauf war daher ohne mein Wissen blind geladen gewesen.

Die erschienene Gerichtskommission erkannte sofort, daß ich in äußerster Notwehr gehandelt hatte, dafür zeugte ja die Wunde im Arm, und ich wurde nicht in Untersuchung gezogen.

Der Wilderer, ein auf einem einzelstehenden Bergbauernhof dienender Knecht in Nähe meines Wohnortes, war abends zeitig scheinbar zu Bett gegangen, da er am Festtag im nahen Pfarrdorf, wie er sagte, zur Beichte gehen wollte.

Als die Nachricht von dem eben geschilderten Rencontre der Dienstherrschaft zu Ohren kam, sah man nach seinem Bett und fand dasselbe unberührt. Wie sich später herausstellte, hatte der Wilderer das Gewehr bereits im Wald versteckt gehabt und die letzte Nacht seines Lebens in einem Laubstadel im Berg zugebracht.

Noch heute denke ich der kritischen Situation, wo Sekunden für Leben oder Tod entschieden!

Nun führe ich schon seit Jahren einen Hinterlader, bei dem ein Verladen nicht so leicht vorkommen kann; auch hoffe ich bei meinen 66 Jahren nicht mehr in die Lage zu kommen, mein Pulver und Blei auf diese Weise anwenden zu müssen.

Deutscher Jäger, 1883

Wildererwaffen ▸

1 Selbstgefertigte Schalldämpfer, 19. Jahrhundert

2 Perkussionsbüchse mit abnehmbarem Schaft, um 1840

3 Abgeändertes Jagdgewehr mit Zielfernrohr und Schalldämpfer, zerlegbar, nach 1945

4 Steinschloßtromplon (perkussioniert) mit abkippbarem Schaft, um 1800

1
2
3
4
1
1

Aus der steirischen Wildschützenapotheke

Vor beiläufig dreißig Jahren schrieb Landesgerichtsrat G., der von 1870 bis 1879 Bezirksrichter in Gröbming (Oberennstal) war, in seinen Memoiren: „Im Ennstal ist den Bauernburschen eine Art ritterlicher Sinn eigen, der sich im Wildschützenleben ausprägt; derjenige Bursch, der der kühnste Wilderer ist, gilt in der Bevölkerung als eine Art Heros. Der Bursch, der mit einer bockledernen Hose zur Kirche geht, gilt in den Augen der Bauermädchen nicht; eine gamslederne Hose muß er haben. Denn einen Burschen, der sich vor den Jagern fürchtet und sich nicht traut, ein Gamserl zu schießen, den mag ein Dirndl nicht. Ein solcher Bursch bekommt höchstens ein Mädchen, das die Wilddiebe nicht mehr mögen. Dies ist der Hauptgrund und wohl auch der Reiz der Gefahr und des Verbotenen, daß der Wilddiebstahl nicht auszurotten ist, denn nur selten kommt es vor, daß einer aus Gewinnsucht oder der Nahrung wegen auf Wilddiebstahl geht." Bekanntlich haben sich diese Verhältnisse im Laufe von vierzig Jahren ziemlich verändert. Die vom Landgerichtsrat G. erwähnte „Ritterlichkeit" hat sich recht oft in schnödeste Gewinnsucht verwandelt. In keinem Teil der wildreichen Steiermark begehren die Bauern zu volksmedizinischen und abergläubischen Zwecken mehr Teile von gewissen Wildsorten als im Ennstal. Von Jägern (Jagdaufsehern) ist höchstens Hirschunschlitt zu bekommen, also müssen die Bauern für ihre Zwecke gewisse Wildteile naturgemäß von den „ritterlichen" Wilddieben beziehen, die sich auf diesen Handel sehr gut verstehen.

Infolge vieljährigen Aufenthaltes sommersüber im Oberennstal habe ich eine Unzahl von unglaublichen „Kuren" mit Wildteilen kennengelernt, sowohl bei Bauern als auch im eigenen Haus bei den alten Schwiegereltern, die sich willig auslachen ließen, gegebenenfalls aber tapfer Pfuscherei und Sympathiekuren trieben. Meine Kenntnisse auf diesem Gebiete vervollständigen in ebenso interessanter wie krasser Weise die Aufzeichnungen des Sanitätsrates Dr. Fossel, der viele Jahre hindurch Bezirksarzt in Gröbming (Oberennstal) gewesen war. Aus seinen Angaben wird es begreiflich, warum die Wilderer zu gewissen Zeiten so sehr erpicht sind, Gams, Reh, Hirsch, Urhahn „von den Jägern ungesehen" heimzubringen und Handel mit heißbegehrten Wildteilen zu treiben.

Balzender Auerhahn

Hat der Bergbauer ein „freudiges Familienereignis" im No-

Auerhuhn

vember zu erwarten, zeigen sich aber beim Weibe die Geburtswehen nur schwach, so bestimmt der Bauer den befreundeten Wilderer, so rasch als möglich eine – Gamsrose zu beschaffen, die der Kreißenden in die Hand gegeben werden muß. (Gamsrose = Brunftrose, die ausgeschnitten und getrocknet wird.) Also holt der Schütz einen brunftigen Gamsbock herunter und verkauft die „duftende" Rose an den Bauern. Die Gattin muß, während sie die Rose in der Hand hält, fleißig Honig essen und Schwarzbeerenschnaps trinken, was die Geburt sehr erleichtert!

Die Zunge des Auerhahn als Mittel gegen Kinderfraisen spielt auch in Steiermark eine bedeutende Rolle.

Vielbegehrt von Mädeln, die häufig an Zahnschmerzen leiden, ist von Wilderern die „ausgeschossene Bleikugel, die durch das Wild gegangen ist". Diese Kugel wird unter die Zunge gelegt und stillt den Zahnschmerz. Wenn der Wilderer hübsch und jung ist, erzielen seine Küsse dieselbe Wirkung.

Als ich vor vielen Jahren erstmals nach Obersteiermark kam, war mir die Behauptung völlig neu, daß unbeerdigte erschossene Wilderer schuld am andauernd groben Wetter seien. Tatsächlich glauben die Leute dort daran, daß eine Änderung des schlechten Wetters so lange nicht eintreten kann, als ein „verunglückter", i. e. erschossener Wilderer unbekannt irgendwo unbeerdigt liegt.

Mit köstlicher Naivität glaubt und behauptet das Volk in der herrlich schönen Gegend von Admont (Ennstal), daß in den von Stiftischen Jägern aufgegriffenen Wilderern fast immer der Teufel stecke. Deshalb lassen die Jäger des Benediktinerstiftes so oft die teuflischen Wilderer „laufen"! Motiviert wird diese selbstverständlich erfundene Freilassung mit der Behauptung, daß solche Teufelswilderer jedem Kreuz an der Straße ängstlich ausweichen.

Ein gräßlicher Unfug wird im steierischen Bergland mit dem „Leichenwasser" getrieben; gemeint ist das Wasser, mit dem der Leichnam gewaschen wurde. Man glaubt, Säufern das Laster abgewöhnen zu können, wenn man ihnen „Leichenwasser" unbewußt zu trinken gibt! In Liezen (Obersteiermark) und auch – nach Lammert – in Bayreuth (Oberfranken) ist der Aberglaube verbreitet, daß Wein oder Schnaps, mit dem eine Leiche benetzt oder der durch einen Totenlappen (Leinwand, die der Tote am Leibe hatte) geseiht wurde, Trinker vom Laster befreie.

Das „Totenwasser" hat nach dem Volksglauben noch weitere „wirksame" Eigenschaften; es ist ein gutes Mittel gegen den Einfluß „böser Geister"; bei „richtiger" Anwendung bringt es Schwindsucht und Auszehrung. Hierüber kann ich mit einem Spezialfalle dienen. In den achtziger Jahren brachte der mir befreundete Oberförster R. in Kallwang (Obersteiermark) infolge sehr scharfen Vorgehens bald Ordnung in die von Wilderern bös beunruhigten Reviere. Wie R. sich keine Ruhe gönnte, so mußte selbstverständlich auch das Jagdschutzpersonal fleißig revieren, Tag und Nacht Dienst machen, schneidig gegen die frechen Lumpen vorgehen. Der viele und strenge Dienst behagte nun einem der Jagdgehilfen, dem faulen Pechölfranzl (warum der Mann diesen drolligen Spitznahmen hatte, weiß ich nicht mehr) ganz und gar nicht; der Franzl suchte sich vom Revierdienst nach Möglichkeit zu drücken, auch machte er Dummheiten, verhinderte große Diebstähle aus Bequemlichkeit nicht und log den Chef an, daß sich die Balken bogen.

Oberförster R. durchschaute den Burschen bald und sorgte dafür, daß Franzl, der ein Schandfleck für die Jägerei war, flinke Beine bekam. Nun wurde der Bursch dem Chef aufsässig; Franzl beschloß, sich am Oberförster zu rächen, und zwar durch Ausschüttung von Leichenwasser! Auf einem Jägersteig, den der Chef passieren mußte, gedachte Franzl „todbringendes" Leichenwasser auszuschütten in der abergläubischen Erwartung, daß der Oberförster durch Betreten der befeuchteten Stelle die Schwindsucht bekommen und bald darauf – sterben werde.

Der Zufall wollte es, daß bald, nachdem Franzl diesen Racheplan gefaßt hatte, ober dem Passe „Wald" ein Einödbauer starb. Franzl erschien im Gehöft und bat die Bäurinwitwe, sie möge ihm eine Flasche „Leichenwasser" zur Vertreibung böser Geister geben. Nicht minder abergläubisch wie der Jagdgehilfe, wollte

die Bäuerin wissen, wem die bösen Geister vertrieben werden sollen. Mählich rückte Franzl mit dem halben „Geständnis" heraus, daß der Oberförster von — Geistern geplagt sei, zu wenig „Ruhe" auf Erden habe und daß Franzl aus „Liebe" zu seinem Vorgesetzten den Oberförster im Wege der „Vermeinung" von seinen bösen Geistern befreien möchte.

Das Verhalten und diese Äußerung des Jägers machte die Bäuerin stutzig; sie ließ den Franzl warten, füllte gewöhnliches Brunnenwasser in die Flasche und gab behufs Trübung „ungefährliche" Asche hinzu. Dem Jäger sagte sie jedoch, es sei wirksames „Totenwasser vom Bauern selig" in der Flasche; daher solle der Franzl sehr vorsichtig sein. Frohlockend eilte Franzl davon. Diese Eile erschien der Bäuerin erst recht verdächtig; sie begab sich zur Oberförsterin und meldete, daß der Jäger Franzl Totenwasser verlangt habe, um den Chef von bösen Geistern zu befreien, usw. Die kluge Frau R. unterdrückte den Lachkitzel und dankte der Bäuerin für die gutgemeinte Anzeige um so mehr, als die Witwe laut gejammert hatte, es wäre jammerschade um den strammen Oberförster, wenn er durch „Vermeinung" schwindsüchtig werden würde. Das verabreichte Quellwasser mit Asche sei ja ungefährlich, bedenklich wäre aber eine etwaige Geisterbeschwörung seitens des Pechölfranzl, der wahrscheinlich zu wenig Gewandtheit im Entfesseln und in der Zurückrufung böser Geister haben werde. Oberförster R., von der Gattin verständigt, lachte sich zunächst krumm, dann aber gab er eines Morgens Auftrag, es solle ihn am Nachmittag der Jäger Franzl auf einem Dienstgang über den „Hanreich" begleiten.

Hoch droben auf dem Jägersteig entwickelte sich dann eine köstliche Episode. R. befahl, daß Franzl vorausgehen müsse. Der Bursch hatte richtig das „todbringende" Leichenwasser auf dem Steige ausgeschüttet; Franzl weigerte sich, die „gefährliche"

feuchte Stelle zu betreten; er schützte Unwohlsein vor und bat, heimgehen und sich ins Bett legen zu dürfen. Der Oberförster verbiß das Lachen und wollt es erzwingen, daß der tückische Gehilfe die befeuchtete Stelle betrete. Dem Franzl wurde ersichtlich vor Angst totenübel; schreiend ergriff er die Flucht.

Bald darauf wurde R. als Forstmeister und Hofjagdleiter nach Tirol berufen. Franzl entging dadurch einer wohlverdienten Verspottung. Hinterher habe ich erfahren, daß der Pechölfranzl steinfest an die Wirkung des von ihm geschütteten Totenwassers glaubte, denn – der verhaßte Oberförster war ja von Kallwang weggekommen!

Arthur Achleitner, 1915

Der Kropf-Wastl

Nöt daß 's glaabt's, da Wastl hätt' an Kropf g'habt! Ah, bei Leib nöt! Da Wastl selm is a ganz richtiga und g'rechta Bursch g'we'n, aba sei Schatz im Tirolischen drüb'n hot so ebbas wia a bißl an dick'n Hals g'habt, wo s' bei uns im Boarisch'n, kaam is' so a Bröckl a poor Fäust groß, glei an Kropf nenna, g'rod um anda Leut' z' speanz'ln und aufz'z'wicka. Aba, do hot fei da Wastl koan Guat'n nöt g'raacht, bolst g'sagt hättst, sei' Schatz hätt' an Kropf. Kreuzteufi, is er do 'neig'fahr'n, und Watsch'n hot's aa scho' geb'n. Diam hab'n s'n schiach durchilass'n, an Wastl, und außi g'feuert, nöt leina! Z'nach und z'nach is dös Ding an Wastl z' dumm wor'n, vorauf z'weg'n weil sein Schatz sei dicka Hals allwei no dicka wor'n is und da Wastl bol selba g'labt hätt, es waar a Kropf. Nöt anderscht hab'n s'n mehr g'hoaß'n, Buab'n und Deandln, wia an Kropf-Wastl, und da Wastl hat nöt übi z'wirnt und nachg'studiert, wia wos ma do' toa kunnt z'weg'n dem dicka Hals von sein Schatz, wos d'Leut' ollawei an Kropf nenna. Wenn ma vor Gift kropfat wer'n kunnt, wia's ollawei hoaßt, waar das Wastl übahapts scho nix mehr g'we'n, wia a oanziga groß a Kropf.

Aba na! Nix'n is g'we'n, z'sammazog'n hot'n da Gift und da Vadruß wia an Kreuzastrick und fre'di ganz traamhappat und tappi is a wor'n da Wastl, vo lauta dem viel'n G'studier'n und Zwirna.

Do hot eahm dö alt' Wurzlwab'n, wo scho' viel Leut' kuriert hat mit ihre Salma und Trankln, varot'n, daß für dö Kröpf' a frisch's Dachsschmalz woltern viel guat waar. Woach werad'n s' d' Kröpf wia a Hepfatoag, daß man s' umanandadrahdln kunnt, hinum, herum, bolst es mit dem Dachsschmalz recht fleißi ei-schmierst, und z'letzt tat'n s' vaschwind'n, wia wegblos'n.

Sakra! A Dachsschmalz, söll waar scho z'kriag'n, ob aba d' Stasl ihr'n Hals damit ei'schmiert, weil holt's Dachsschmalz a wenig raunz'lt und schmirg'lt, bol's warm werd', söll is an andere Frog'. No, richti! Da Wastl geht zu seina Stasl, z'wenga dem Schmier'n mit dem Dachsschmalz, ob s' denn dös selbi nöt pro-bier'n möcht', und d' Stasl sagt: „Söll wohl!" Jiatzt war's aus mit'n Wastl. Er hot's iatzt selm g'sehg'n, daß da dicke Hals an Kropf gleichschaugt, und traamt hot's eahm bei der Nacht, er schwim-mat in lauta Dachsschmalz wie a Schmalznudl in da Pfanna, und d' Stasl is eahm vürkemma im Traam mit an Hals so dünn wia a Wachskirzl.

Her muaß a, a Dax, geht's wia da wöll! Und nöt hot er's g'roth'n kenna, da Wastl, daß er's Maul g'holt'n hätt von weg'n dem Dachsschmalz.

A G'liega tat er scho' wiss'n, und g'spürt hätt er'n a, wia er sticht auf da Filz'n. G'rad nobel g'ramt und schö' beganga waar d' Hauptröhr'n! Alloa wollt' er'n dapass'n, wett'n tat er, da Wastl, bol er die andern Röhr'n verreiselt, daß er eahm kimmt um ara neune umananda, wo er ausfahrt zu der Woad zum Feuchten-bauern seine Birnbaam, wo d' Birndln heruntlieg'n und wo 'n da Wastl aa scho g'spürt hot in da Lett'n.

No, mit lauta dem G'schmatz und Getua is dö G'schicht' an Jaga-Naz z' Ohr'n kemma, der si' denkt hot: Wart', dir wer' i den Kropffettnbirschgang austreib'n!"

Und olli Nacht, wo a bißl a Schußliacht'n g'we'n waar, hot da Jaga-Naz am G'liega auf'n Wastl paßt, der a kemma is mit'm Zwilling und am Dachs paßt hot, der aber nöt kemma is. Und nix'n hat er g'macht, der boshafti Tropf, da Jaga, und jedesmol hot er an Wastl wieda hoamgeh'n lass'n. No, dös Ding is a drei- a viermal so furtganga, bis holt dengerscht das alt Isengrim schö g'-müatli ausg'fahr'n is und si' vor da Röhr'n erst a wengl kratz'n hot woll'n. No, da Wastl, nöt fei', kratz eahm glei mit dö Nullaschröt, daß 'n nix'n mehr biss'n hat.

Wilderer. Dillis, aquarellierte Skizze, Privatbesitz

Aba, eh' da Wastl no Zeit hot, si' üba dö schö' Kropffett'n z'freu'n, schreit da Jaga-Naz: „'s G'wehr ab!" und wia da Wastl im erst'n Schrecka nöt recht woaß, wos er tuat und d' Bix an d' Wang' reiß'n will, zindt eahm da Naz oane auffi auf d' Hax'n, daß er g'rod kugelt is. Zum Glück, daß da Naz a kloans Zeugl d'-rinn g'habt hot, sunst pfüat enk God, Standln!

Da Jaga hot d'rauf an Wastl sei Bix und an Dachs aufklaubt und hot an Wastl mit sein Wehdam zum Bada abirutsch'n helfa, wo da Wastl ganz daloabit o'kemma is, so viel hot a g'schwoaßt. Vasteht si, daß da Naz an Wastl o'zoagt hot. A poor Monat habsn ei'g'spirrt z'weg'n an Wildern und „Zuwiderstand geg'n die Nazgewalt", hot da Richta g'sagt.

Der Jaga aba hot den Dachs g'schwart' und dö Fett'n da Stasl brocht, und hot si' holt recht schö' entschuldigt, wia z'wida eahm dö G'schicht' waar mit ihram Schatz, dem Wastl. Aba mei', er hätt' sei Pflicht toa müass'n. Und so süaß und schei'heili' hot er toa kenna, der Loder, und so oft is er kemma, d' Stasl z' tröst'n üba'n Wastl, der brummt, daß aus dera G'schicht' a G'spusi wor'n is.

Da Kropf is weg g'we'n, nät a Warz'n hast mehr g'sehgn, aba d' Liab' für'n Wastl war aa dahi, der d' Kropffett'n mit sein Bluat dakaaft hot.

Er hot net g'wüath' und hot net tobt, da Wastl, aba bluati hot eahm der Undank und dö Untreu' in d' Seel g'schnitt'n.

Sehcht's es, do habt's es! D'rum traut's dö Weibaleut nöt z'viel, liabe Jagasbuabn, daß 's enk nöt aa so geht, wia 'm „Kropf-Wastl"!

Rudolf Zeitler in Deutscher Jäger, 1894

Wilderers Ende. Clemens, 1886

Bleistiftzeichnung von Philipp Foltz

Standhaft

„In Schliers, in der Reviere dort,
do war'n amol die G'hülf'n – net fort."

Und weil's nit fort war'n, hot oana davon, den i net nenna will, zeitli in da Fruah drob'n im G'schwend an Schuß g'heart, der eahm gar nit g'falln hat.

Er pirscht sich natürli gahlingst auffi und sieh, s' dauert nit lang, so kimmt er in' Hochholz mit so an g'schwirzt'n Loda z'samm, der grad sei Bix g'lad'n hat: „s'Gwehr weg oda i schiaß!" schreit er den Lump'n a.

Der is nit faul g'wesn, springt hinta den nachst'n Feichtbaam und zielt auf'n Jaga. Freili hat sich da Jaga a glei hinter an Bam druckt und spekaliert, wia er den Loder eppa auffischiaß'n kunt. So hab'n de zwoa hübsch lang paßt auf anand, und koana hat dem andern traut, bis auf oamal da Wilderer miad word'n is vom G'wehr hebn und an Arm abi laß'n hat. Dabei is sei Bixschaft a bißei vom Bam außi g'stand'n und des hat da Jaga glei los g'habt und schiaßt eahm mit'n Büchslauf auf'n Kolbn hi, daß glei a ganz' Trumm außig'rißn hat.

„A sellerer bist du," schreit der Loder und fahrt glei wieda auf, so guat als er's mit sein Scherbn z'wegn bracht hat.

So stengas wieda a langi Zeit und spekaliern, wer z'erst nachgabet. War aba jedem sei bißei Leb'n liab und hat si koaner a Blößn geb'n.

Derweil läutens in Schliers' drunt zwölfi; die Sach' is hübsch langweili word'n und hat no lang koa End' herg'schaugt.

Drum hat's da Jaga riskiert und is um a paar a drei Bam weita vor g'sprunga.

„Wia'st no an Schritt machst, schiaß i!" schreit dersell' Loder.

„Schiaß nur, wenn dir traust, Lump", lacht da G'hülf, der jagst an viel dickeren Feichtbam vor eahm g'habt hat, wia eh.

Des Ding dauert wieda a paar Stundei, jiazt hat da Loda probiert und is um a paar Bam weita z'ruck retariert. Da G'hülf is aba frisch nachg'ruckt. Z'letzt war'ns nur mehr eppa zwanzg Schritt ausanand und kinnt's enk denkn, daß 's allaweil ganz freindli dischkeriert hab'n, bis gahlingst da Wilderer auf'n Jaga g'schoßn – hätt, wenns eahm losganga wär. Wias den Patscher macht, hat aba der nichts mehr z'fürchten g'habt, denn schau, sie war a Oanspannerbix. Er springt firi und auf'n Lump'n zua. Der macht sich natürli auf d'Haxn, und so geht's obi nachanand über d'Leit'n, da'st gmoant hättst, a ganz Rudl Hirsch kam daher. Auf oamal purzlt da Loda über a Wurz'n, da Jaga auf eahm nauf, und g'habt hat er'n beim Krawattl.

z'Schliers beim Burgamoasta is a sauba g'waschn wor'n und in Lauf'n (Zuchthausanstalt) hat a dreiviertel Jahr Zualag kriagt; hat eahm freili nit b'sunders g'schmeckt, aba beßa war's dengerscht, hat er späta zu mir g'sagt, wia am G'schwend drob'n hinter dem Feichtbam.

Deutscher Jäger, 1886

Jagdaufseher Berkfold aus Hindelang. C.W. Allers ▸

Jäger des Prinz Regenten

Der pfiffige Sepp

Schlau war er, der Burger-Sepp, das sagten alle, die ihn kannten. Das sagten alle Buben in seinem heimatlichen Graben, das sagte die blonde Wirts-Zenzi, die drunten beim „Mondschein“ einschenkte, das sagten auch die Jagdgehilfen, die beim gleichen „Mondschein“ mit Vorliebe eine der Wirksamkeit Zenzis gerade entgegengesetzte Tätigkeit ausübten. Ein Unterschied war freilich, ob die Zenzi von der Pfiffigkeit des Burger-Sepp redete oder ob's die Jäger taten. Denn die Zenzi, die lächelte dabei gar eigen, und wer genau hinsah, der konnte sehen, daß sich ihr frisches, rotes Gesichtchen um einen Schatten dunkler färbte dabei. Die Jagdgehilfen jedoch fluchten ingrimmig, wenn die Rede auf den Sepp kam, und dabei schlugen sie mit ihren Fäusten auf den alten, schweren Tisch, als wollten sie ihn in den Boden stampfen.

Warum die Zenzi so eigen lächelte, hat man nie recht erfahren können; die Jäger fluchten, weil sie Gift darauf genommen hätten, daß der Sepp der einzige war, der ihnen sichere Auskunft darüber hätte erteilen können, wohin so mancher schöne Bartgams gekommen sei, der in den letzten Jahren aus dem Revier verschwunden ist. Aber erwischen hatte den Sepp noch keiner können.

Einmal aber ereilte den Sepp doch das Unheil. Beim „Mondschein“ unten feierte der Oberförster sein Dienstjubiläum, das Freibier floß in Strömen, und alles was im Revier die grüne Joppe trug, war hiezu geladen. Sepp fühlte sich an diesem Tage sicher wie noch nie, und ungeniert, als wäre er der Jagdherr selber, strich er mit der Büchse durchs Revier. Bald hatte er auch einen schönen Gamsbock vor dem Rohr, und gerade wollte er sich schußfertig machen, da stand mit einem Mal, wie aus dem Boden gewachsen, die Hünengestalt des Jägermartl, der schneidigste unter den Jagdgehilfen, mit dem Gewehr im Anschlag vor

Auch einer der „blattet“. A. Singer

Der entscheidende Moment

ihm. Blitzschnell hatte Sepp die Situation erfaßt; da half keine Gegenwehr und keine List. Folglich verlegte er sich aufs Bitten, und er begann sofort den Jägermartl zu beschwören und zu bestürmen, er möge doch nur das eine Mal ein Einsehen haben und ihn laufen lassen; es sei ja doch das erste Mal, daß er ins Revier gehe, und er schwöre ihm bei allen Heiligen, daß er es nie, nie wieder tun werde!

Sei es, daß das klägliche Gejammer auf den Jägermartl Eindruck machte, oder stimmte ihn der Gedanke an den siebenstündigen Marsch nach der Kreisstadt, der ihm mit seinem Gefangenen bevorstand, und an das Freibier beim „Mondschein", das inzwischen von den andern ausgetrunken würde, milder – kurz, er ließ den Sepp sich zu allen Teufeln scheren, nachdem er ihm vorher die entsetzlichsten Strafen für den Fall angedroht hatte, daß er ihm jemals wieder mit der Büchse im Revier begegne.

Kaum sechs Wochen später standen sich der Jägermartl und der Sepp wieder auf einem Gamswechsel gegenüber, und wieder hatte der Martl zuerst das Gewehr zur Wange gebracht. Heute stand's schlimm mit dem Sepp, heute war kein Dienstjubiläum im Dorfwirtshaus und schwerlich auf Gnade zu rechnen. „Lump elendiger", so donnerte der Martl den ganz zusammengeknickt dastehenden Sepp an, „nit sechs Woch'n ischt's, daß d' g'schworen hascht, du willst neamer schtehl'n, und heut' bischt wieder da! Was soll i dir iatz tuan?!"

Verlegen kratzte sich der Sepp hinter den Ohren, endlich aber meinte er zögernd: „Woaßt Martl, i moan, 's g'scheitersch̨t war, du schaust weg und i spring g'schwind davon; denn woaßt, wann mir iatzt z' G'richt kemman und 's kam auf, daß d' mi scho amal derwischt und nit anzoagt hast, nachher hättst am End gar du no a rechte Schererei!"

Man erzählt sich, daß der Sepp an diesem Tag mit arg zerzauster Frisur und mit verdächtig roten Backen heimgekommen sei; eine gerichtliche Vorladung hat er aber bis heute nicht bekommen.

Hans Biendl in Deutsche Alpenzeitung, 1902

Schaug d'r 'n an! Sell drüben hockt'r d'r Jaga! Heut in der Nacht hätt i eahm 's Kügerl naufpelz'n kinna! – Auf a zwanz'g Schritt' is 'r vorbei spaziert an mir, mit der Senderin am Arm – dös Hascherl – und i mit 'n Gamsbock bin dring'legen in die Stauden!

Zeichnung von C. W. Allers

A Toifl von an Herrenjaga

A kloane Stund vom bayrisch-österreichischen Grenzstoa steht am Wildwasser an einschichtigs Häusl, windschiach, ganz grau, hint und vorn a Fluchtröhrn, hab sagn wolln a Tür, grad wia se sich gehört für an richtigen Fuchsbau. Die bösen Grenzjaga sagen, es war a Schwärzerhütten, und die Schandarm und die Malefizjager, die an neambt a guats Haar lassen, b'haupten, der Lechner Andree tat wildeln, und zufällig is er auch schon etliche Monate — zum Vergnüg'n natürlich — nach Passau und von da nach Amberg groast und zaundürr zruckkemma.

Gegenwärtig liegt der Andree in der oanzigen Stubn von seiner Hütten, in a grobe Kotzen eingwickelt auf'm Bett, derweil sei alte Muatta an Tegel mit Hasenschmalz am Feuer hat und umrührt. Hasenschmalz auswendig und Höllmandelgeist inwendig, das vertreibt den Brand, wenn oan so a Malefizjager aufigschossen hat und der ganze Buckl und die Gegend drumrum gsteckt is voller Hasnschrot! Wia er zu dera malefizischen Sach kemma is, das verzählt er dem Ferdl, seim Hauptspezl, der neben seiner hockt, und den s' erst von der Militari auslassen haben.

Um Laurenzi is gwen, hat der Andree also angfangt, i han mer grad wieder a wengl traut, mit der Bixn außi z'geh'n, denn a zwoatsmal mag i mi nimmer einspirrn laßn; also um Laurenzi han i im Kramerhölzl an sakrischen Kampl von an Bock gwißt, Brüdei, ganz damisch guat hat der Toifl aufghabt. A Schmalgoißel hot er bei eahm ghabt und plätzt hat er im ganzen Hölzel, daß a Freud war. I han ma denkt, es feit si eh nix mehr, der Bock gehört scho mei, da kommt eines schönen Tags derselbig Toifl von an Herrnjaga wieder auf B'such zum Revierpächter, der mi im Auswärts so schön in's Zuckerhäusl bracht hat. Fruah und spat is der Kerl um d' Weg gwen, und an Rehruf hat er bei eahm g'habt, den hat ma a halbe Stund weit g'hört. Glacht han i, wia i denselbigen Spitakel des erstmal gehört han, und hätt net gmoant, daß der ebbs schiaßt. Aber Schneckn, glei den ersten Tag, der Jagajung vom Pächter hat ma's im Wirtshaus verzählt, is eahm der Bock vom Pfarrerholz hingrumpelt, und er hat'n g'schossen. Geh' han i mir denkt, Brüdei, jatzt schau, daß d' zu dein Bock kimmst, sunst is der a bald hin.

Sitz i also amal in der Fruah im dicksten Gfix vom Kramerhölzl und paß aufn Bock, auf amal hör i ganz stad an Rehruf und 's dauert gar net lang, siech i a scho a Reh schleichn durch d'Stauden, netta grad wia a Fuchs. Auf amal tuats net weit weg an fürchterlichen Kracher, akrat wia die Bixn von am Finanzer hat's tan. Kruzitürken hat's mi rumgrissen, und derweil ich specht, ob i ebba koan Jaga dablickn kunnt, rumpelt a scho der Bock daher, da Lecka is eahm außag'henkt und ganz graupet hat er in der Decken ausgschaut. Glei han is gspannt, daß er troffen war.

A Zeitl han i mi stadt ghabt und richti is bald da Herrnjaga daherkemma; Bixn schußfirti in der Hand' und der Jagerjung hinter seiner. An Foascht habens gsucht, und der Herr hat gmoant, ma sollt net so weit nachisucha, dem Bock feilets eh weit und auf d'Nacht tat er'n eh finden, maustod.

Wia di' zwoa a Zeitl furt san gwen, han i' sucha angfangt und han in a guten halben Stund den Bock a wirkli gfunden. Mit ara Kugel is er gschossen gwen durch und durch. Brüdei han i a Freid habt. Aft han i dem Bock 's Gwichtl außagstemmt und an Bock selbn han i d' Schlegeln und s' Glüag außatan und han mas hoamtragen. Auf d' Nacht haben nacha die damischen Jaga koan Bock gefundn. Hergott den Gift hätt i sehgn mögen.

In der Nacht um a 12 bin i zur Jagdhüttn gschlicha und hab eahm den halbeten Bock an d' Haustür g'henkt, bin a paar 100 Schritt in's Holz eini und han mit Pfosten und Laufkügerl aufs Häusl blitzt. Bruadaherz, hättst sehgn solln, wia schnell der Herr aus seim Bett außa is. Im Hemd is a außagsaust wia da Teifi und drei Schnalzer hats tan auf mi zu so schnell, daß d' kaum zähln hättst künna. Vom Treffa natürli koa Schein in da Finstern und i bin hoam. Wird der a Freud ghabt habn an seim Bock.

Am Sunntag drauf sitz i beim untern Wirt und denk an nix, kummt auf amal der Herrnjaga, der Jagajung und der Kommandant zu der Tür eina, und der Herr geht auf mi zu und sagt ganz kalt: Lechner Andreas, i denk, wir kennen uns noch von früher her, wenn d' a so weiter machst, zerkriagn ma uns wieder a mal, aber fest! I hab tan, als wenn i net fünfe zähln kunnt, aber an Verdacht muß er ghabt habn, woaß der Teufel woher. So weit hätt no nix gfeit, aber das zwidere kimmt no. Der Herr is wieder verroast und is erst wieder zum Haselhennarufn kemma. Um dieselbige Zeit hätt i halt gar notwendi an Has braucht, und a so bin i an am Samsta in Refting aufi, han mi auf a Klaftan gsitzt am Kreuzweg und han paßt. Hübsch spat is worn, und koa Has is kemma, da tuats hinter meiner an fürchterlichen Dümmler, und mi haut's über d' Klaftern abi, daß alls gsummt hat. Den ganzen Buckl han i voller kloa Hennaschröt ghabt. Drei Stund han i braucht, bis i hoamkemma bin, und bremselt hat mi das Ding ganz fürchti. Zwoa Tag danach bringt da Postbot a ganz a gspaßige Karten, druckte Buchstaben san drauf picht gwen von ar a Zeitung außagschnittn und ganz künstli zsamgsetzt, der Postbot hat gmoant nur a Herrischer kunnt so ebbs macha; und draufgstanden is „Zur Erinnerung an das Gwichtl".

Den Kopf laß i mir abschneiden mit der Spannsäg, wenn das net der Herrnjaga gwen is, der Toifl, der Elendige, einspirrn lassn und aufischiaßn, daß 's brennt wia's Fegfeuer!

A so hat's der Andree seim Spezl verzählt die Gschicht.

Hoffentlich braucht er net gar zuviel Hasenschmalz, der Andree.

Deutscher Jäger, 1898

Vasehgns*

Es war amol a Sennrin fesch
A gor a lebfrisch's Bluat,
Net z'leicht und a bei Leib net z'resch,
Dö war an Jaga guat!

D'robn hat a Wild'ra grimmi g'haßt
An Jaga und hat auf eahm paßt!
Am schmol'n Steigl bei da Klamm
Beim Mondschei kemman s' gachlings z'samm!

Es steht a Marterl wettagrau
Mi'm Bild vo' uns'ra liab'n Frau
Am Fuaß der Klamm, wo g'schrieb'n steht:
„O Christ, a Vata unsa bet'
Mit Andacht für drei arme Seel'n,
Wo g'schied'n san just an dera Stell'n."

Da Jaga arg vabrennt is' g'we'n
Und oft an Tog an hal'm
Tuat er zu ihr in Hoagast geh'n
Z'höchst nauf auf ihra Alm.

Dö selbi Nacht zwoa Schuß ham g'schnallt,
Dö selbe Nacht zwoa Schroa ham g'hallt –
Und d'rauf hat wieda 's Wassa g'rauscht
Drunt in da Klamm, dös nixn plauscht.

Und drauf, soviel ma lesen ko,
Verzählt dös selbi Marterl no,
Daß ma daschoss'n hat hierunten
An Jaga und an Wildra g'funden –
Mit ara junga Sennrin z'samm,
Dö a'g'stürzt is – vasehgns – in d'Klamm! –

* aus Versehen

Rudolf Zeitler in Deutscher Jäger, 1897

Verfolgung eines Wilderers auf dem Chiemsee.
Nach einem Gemälde von Josef Wopfner

Wir danken allen, die uns geholfen haben dieses Buch zusammenzustellen, die uns Bilder und Text zur Verfügung stellten.

Fotonachweis:
Bayerische Staatsbibliothek München: 1, 6, 7, 9, 12, 14, 15, 17, 19, 26, 27, 29, 31, 35, 41, 45, 56, 58, 61, 63, 67, 71, 72, 75, 82, 85, 90, 93, 95, 100, 103, 104, 111, 113, 114, 115, 119, 126, 131, 132, 133, 135, 136, 137, 138, 139, 144, 145, 147, 149, 150, 151, 154, 155, 156, 157, 164, 165, 166, 169, 171, 172 — Foto Berger Prien: 87 (Slg. Freiherrl. v. Cramer-Klett'sche Centralkanzley, Hohenaschau) — Bildarchiv Preußischer Kulturbesitz, Berlin: 160 — Bildarchiv F. Bruckmann KG München: 21, 57, 89, 129 — Deutsche Fotothek Dresden: 25 – Heimatmuseum, Prien: 142 — Hamburger Kunsthalle, Hamburg: 117 — Theodor Köberlin: 46 — Foto Linster, Telfs: 51 — Foto Mandl, Wien: 159 (Bibliothek und Kupferstichkabinett der Akademie der bildenden Künste, Wien) — Foto Rammel, Rosenheim: 33, 34, 68, 88, 105, 106, 123, 124 (105, 106 als Kupferhandpressendruck zu beziehen bei Fa. rahmen + grafik, blaue + haenle, München) — Photo-Schreiber, Hof bei Salzburg: 70 (Museum Jagdhof am Fuschlsee, Hof bei Salzburg) — Foto Sessner, Dachau: 28, 79, 81, 153 (Deutsches Jagdmuseum, München — Text über Wilderer-Waffen, Herr Lorenzen) — Staatl. Graphische Sammlung, München: 36, 37, 49, 96, 99, 161 — Tiroler Volkskunst-Museum, Innsbruck: 51, 52 — In Privatbesitz: 33, 34, 69, 88, 123, 124, 159.

7. Auflage 1997

Titelfoto: Foto Rammel, Rosenheim
Druck und Bindung: Westermann Druck Zwickau GmbH
Printed in Germany

ISBN 3-475-52340-X

Textquellen:
Anton Freiherr von Perfall: Aus Berg und Tal, 1904; Allerhand Lebendiges, 1904. — Arthur Schubart: Nochmal davongekommen aus: Mein Wild, 1935 (Mit frdl. Genehmigung des Verlages Neumann-Neudamm, Melsungen); Neues aus meiner Heimat, 1905. — Heinrich Noë: Deutsches Alpenbuch Bd. 1, 1975. — Arthur Achleitner: Halali, 1896; Bilder aus deutschen Alpen, 1892; Berggeschichten, 1914; Aus der steirischen Wildschützenapotheke aus: Im grünen Rock, 1915 (Mit frdl. Genehmigung der Paul Parey Verlagsbuchhandlung, Hamburg). — Adolf Pichler: Aus den Tiroler Bergen, 1904. — Konrad Dreher: Der Wild'rer-Lenz aus: Die Schußzeit, 1886 (Mit frdl. Genehmigung des Falken-Verlags, Niedernhausen/Ts.).